Driebanden biljart: Halve tafel cirkel patronen

Van professionele kampioentoernooien

Vergelijk jezelf met professionele spelers.

Allan P. Sand
PBIA Gecertificeerde biljartinstructeur

ISBN 978-1-62505-266-7
PRINT 7x10

ISBN 978-1-62505-409-8
PRINT 8.5x11

First edition

Copyright © 2019 Allan P. Sand

All rights reserved under International and Pan-American Copyright Conventions.

Published by Billiard Gods Productions.
Santa Clara, CA 95051
U.S.A.

For the latest information about books and videos, go to: http://www.billiardgods.com

Acknowledgements
Wei Chao created the software that was used to create these graphics.

Inhoudsopgave

Invoering..**1**
Over de tabelconfiguraties 1
Tabel opstelling instructies..2
Doel van de twee tabellen..2
A: Eenvoudige halve tafelcirkel **3**
A: Groep 1 3
A: Groep 2 8
A: Groep 3 13
A: Groep 4 18
A: Groep 5 23
A: Groep 6 28
A: Groep 7 33
A: Groep 8 38
B: Uit een klein hoekje..**43**
B: Groep 1 43
B: Groep 2 48
B: Groep 3 53
C: In een klein hoekje **58**
C: Groep 1 58
C: Groep 2 63
D: Omgekeerd pad..**68**
D: Groep 1 68
D: Groep 2 73
D: Groep 3 78
D: Groep 4 83
D: Groep 5 88
D: Groep 6 93
E: Verlengde poot **98**
E: Groep 1 98
E: Groep 2 103
F: Verlengd been (extra lang) **108**
F: Groep 1 108
F: Groep 2 113
F: Groep 3 118

Other books by the author …

- 3 Cushion Billiards Championship Shots (a series)
- Carom Billiards: Some Riddles & Puzzles
- Carom Billiards: MORE Riddles & Puzzles
- Why Pool Hustlers Win
- Table Map Library
- Safety Toolbox
- Cue Ball Control Cheat Sheets
- Advanced Cue Ball Control Self-Testing Program
- Drills & Exercises for Pool & Pocket Billiards
- The Art of War versus The Art of Pool
- The Psychology of Losing – Tricks, Traps & Sharks
- The Art of Team Coaching
- The Art of Personal Competition
- The Art of Politics & Campaigning
- The Art of Marketing & Promotion
- Kitchen God's Guide for Single Guys

Invoering

Dit is een van de driebanden biljart die laten zien hoe professionele spelers beslissingen nemen, gebaseerd op de tafelindeling. Al deze tabelconfiguraties zijn afkomstig van internationale wedstrijden.

Deze tabelconfiguraties plaatsen je in het hoofd van de speler, te beginnen met de balposities (weergegeven in de eerste tabel). De indeling van de tweede tabel laat zien wat de speler heeft besloten te doen.

Over de tabelconfiguraties

Elke configuratie heeft twee tabelconfiguraties. De eerste tafel is de balposities. De tweede tafel is hoe de ballen op de tafel bewegen.

Dit zijn de drie ballen op tafel:

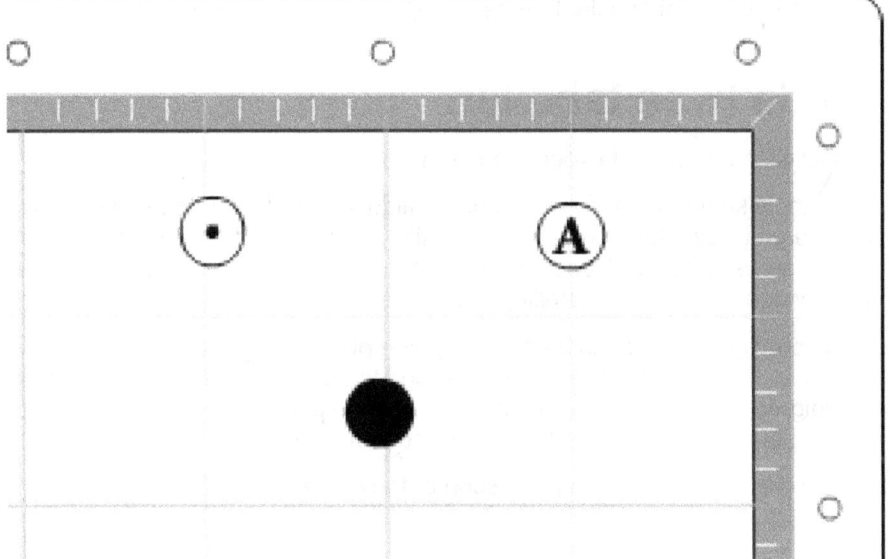

Ⓐ (CB) (uw biljartbal)

⊙ (OB) (tegenstander biljartbal)

● (OB) (rode biljartbal)

Tabel opstelling instructies

Gebruik papierbandringen om de balposities te markeren (koop bij een kantoorwinkel).

Plaats een munt op elk biljartbanden dat de (CB) zal aanraken.

Vergelijk uw (CB) pad met de configuratie van de tweede tabel. Om te leren, hebt u mogelijk meerdere pogingen nodig. Stel na elke fout een aanpassing in en probeer het opnieuw totdat je succesvol bent.

Doel van de twee tabellen

Deze tabelconfiguraties zijn bedoeld voor twee doeleinden.

- Uw analyse - thuis kunt u overwegen hoe de configuratie in de eerste tabel moet worden afgespeeld. Vergelijk uw ideeën met het werkelijke patroon op de tweede tafel. Denk aan uw oplossing en overweeg opties. Vanuit de tweede tabel kunt u ook analyseren hoe u het patroon moet volgen. Speel de opstelling mentaal af en beslis hoe je succesvol kunt zijn.

- Oefen de tafelconfiguratie - plaats de ballen op hun plaats, volgens de eerste tabelconfiguratie. Probeer het tweede tabelpatroon te dupliceren. Je hebt misschien veel pogingen nodig voordat je de juiste manier vindt om te spelen. Dit is hoe je deze opstellingen kunt leren en spelen tijdens competities en toernooien.

De combinatie van mentale analyse en praktische oefening zal je een slimmere speler maken.

A: Eenvoudige halve tafelcirkel

De (CB) komt van de eerste (OB) en in drie biljartbanden. Wanneer de (CB) uit het derde biljartbandenkomt, maakt deze contact met de tweede (OB).

Ⓐ (CB) (uw biljartbal) – ⊙ (OB) (tegenstander biljartbal) – ● (OB) (rode biljartbal)

A: Groep 1

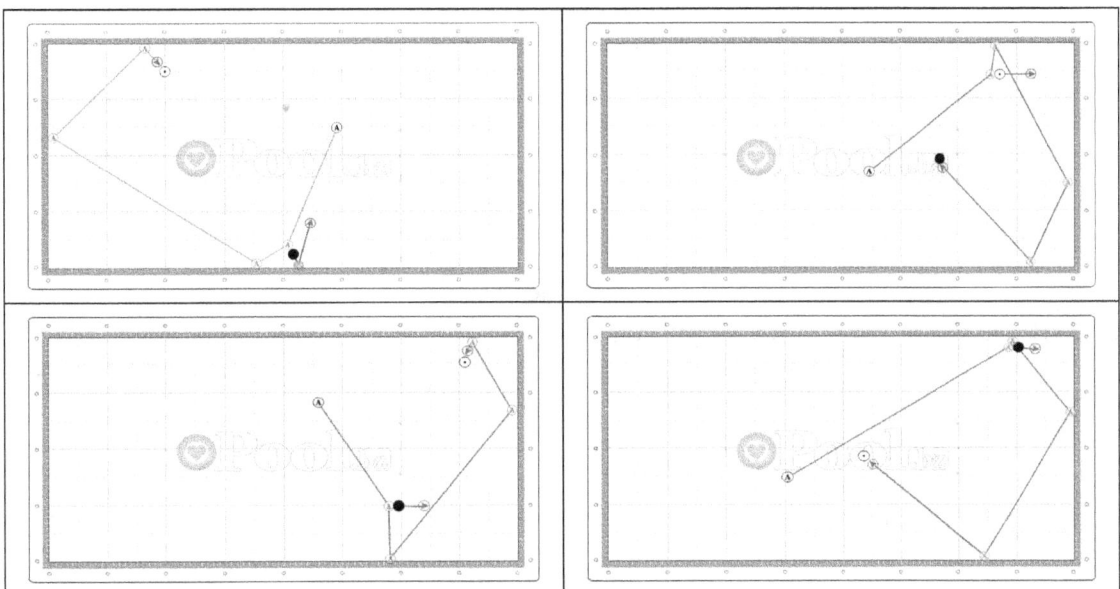

Analyse:

A:1a. _____

A:1b. _____

A:1c. _____

A:1d. _____

A:1a – Opstelling

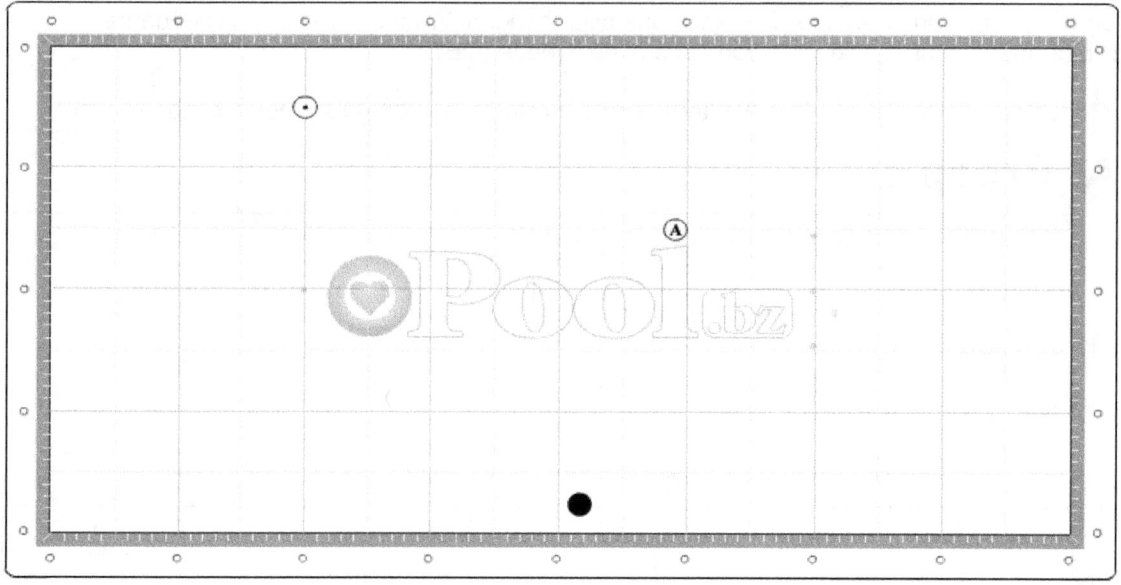

Opmerkingen en ideeën:

Schotpatroon

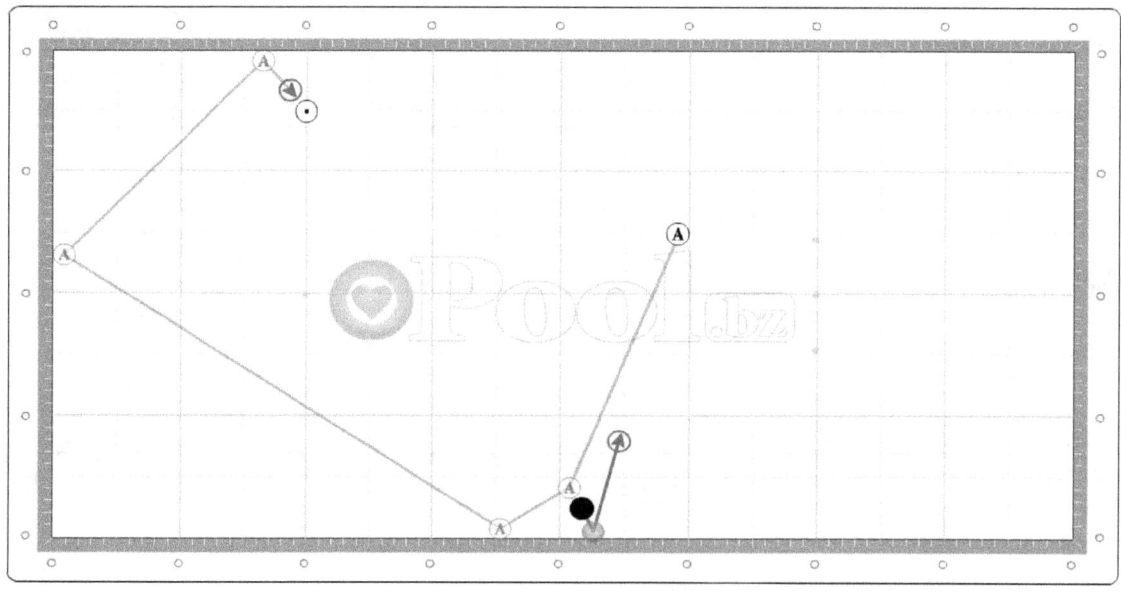

A:1b – Opstelling

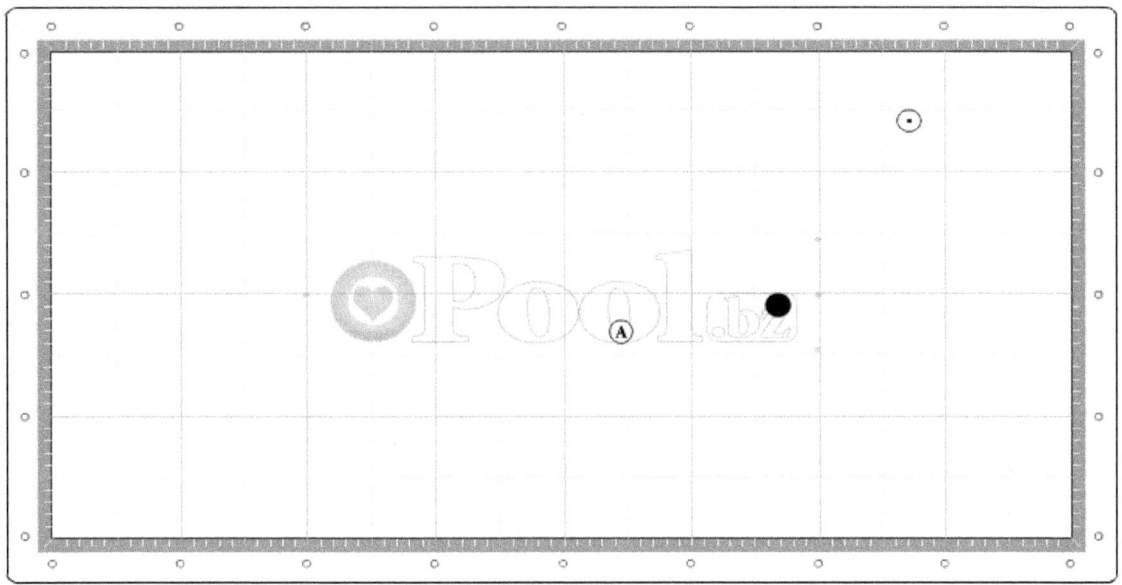

Opmerkingen en ideeën:

Schotpatroon

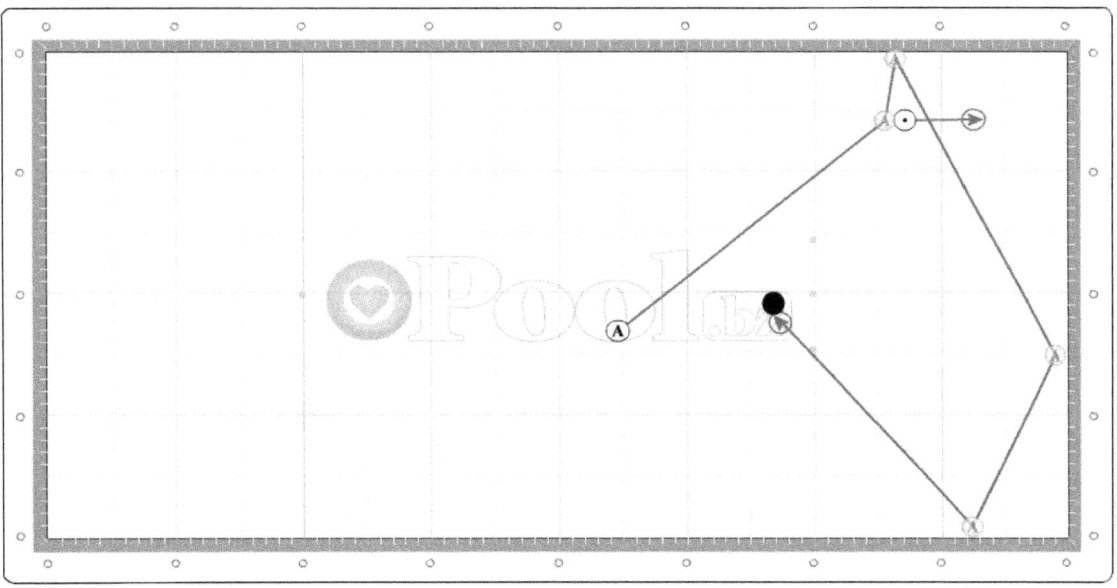

A:1c – Opstelling

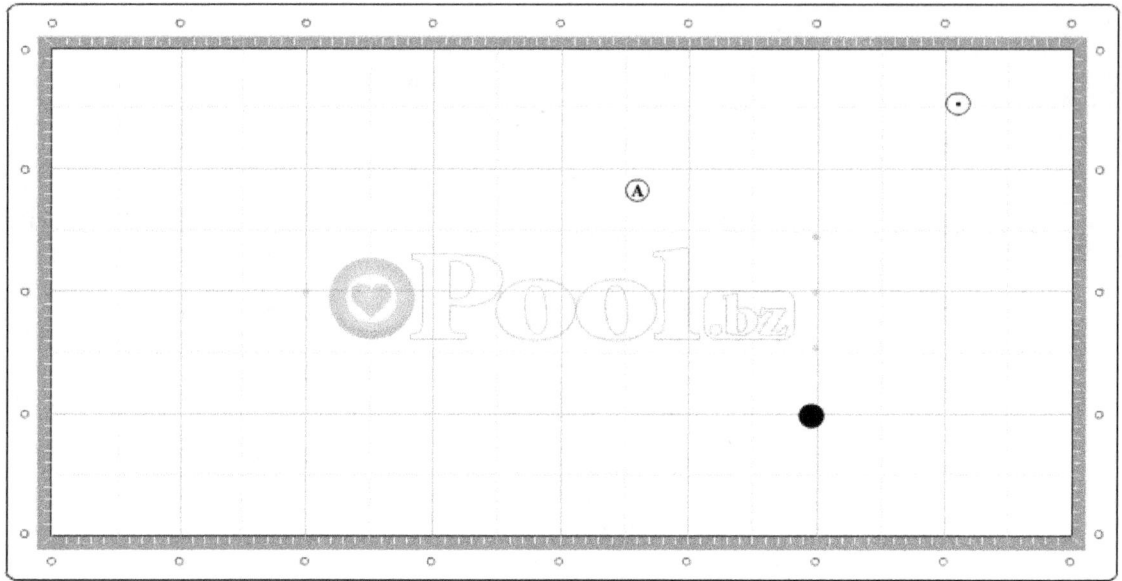

Opmerkingen en ideeën:

Schotpatroon

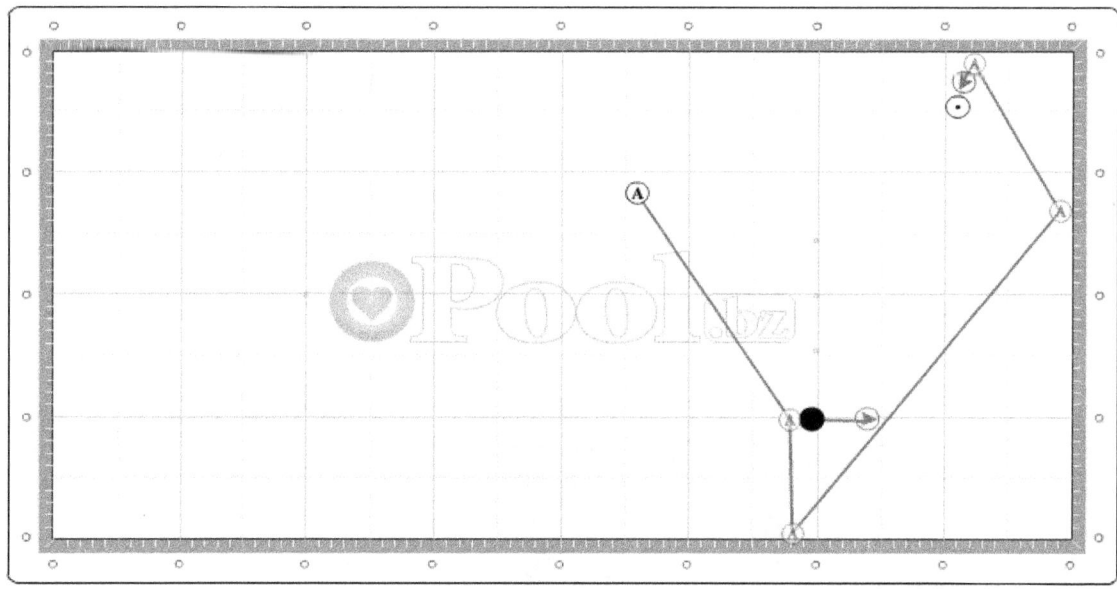

A:1d – Opstelling

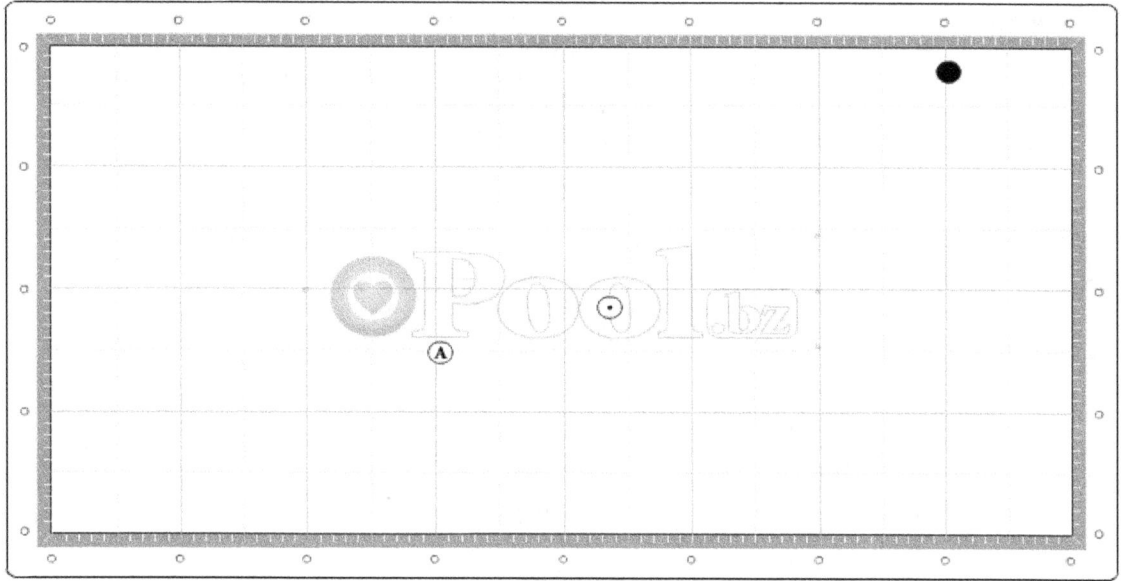

Opmerkingen en ideeën:

Schotpatroon

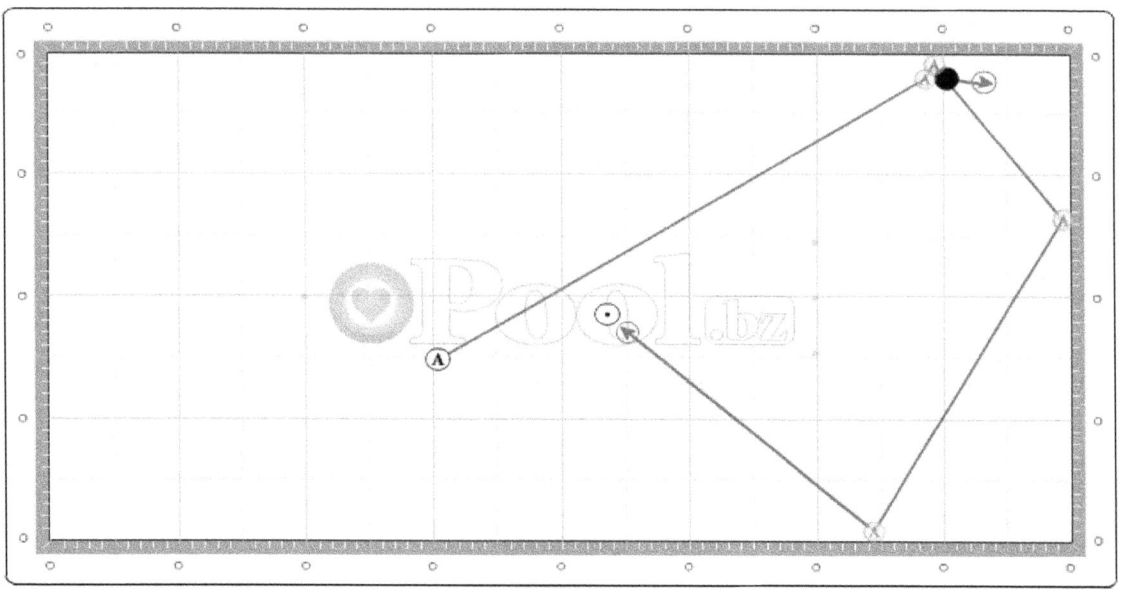

A: Groep 2

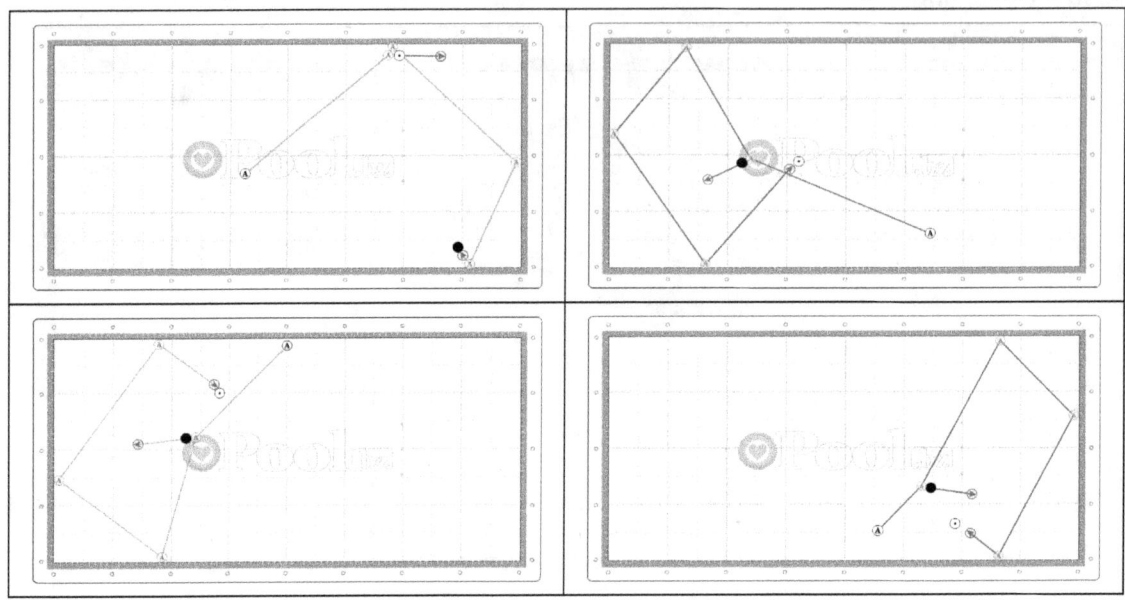

Analyse:

A:2a. _____

A:2b. _____

A:2c. _____

A:2d. _____

A:2a – Opstelling

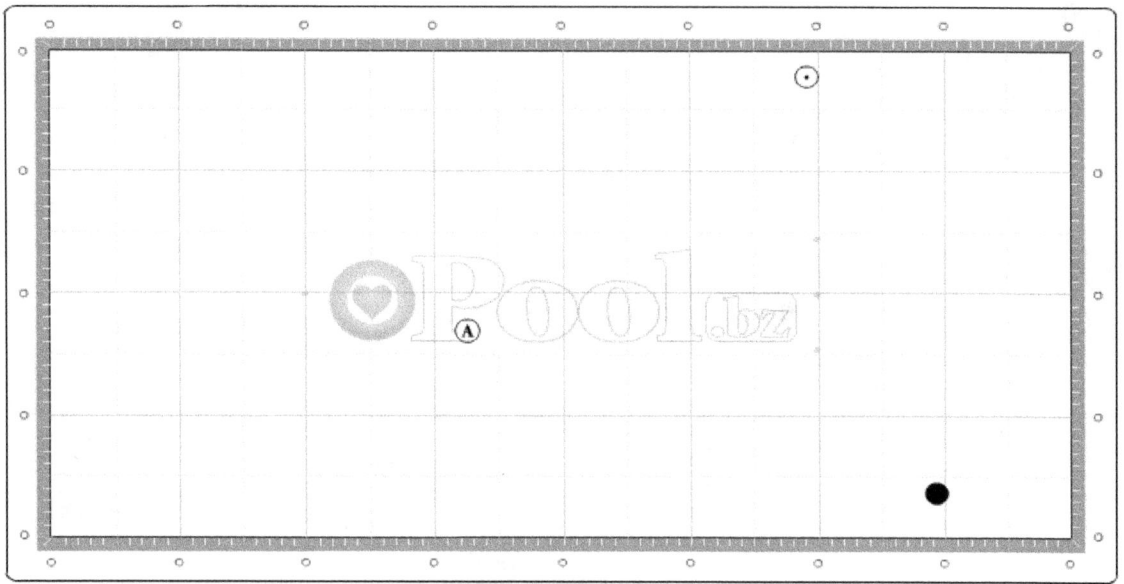

Opmerkingen en ideeën:

Schotpatroon

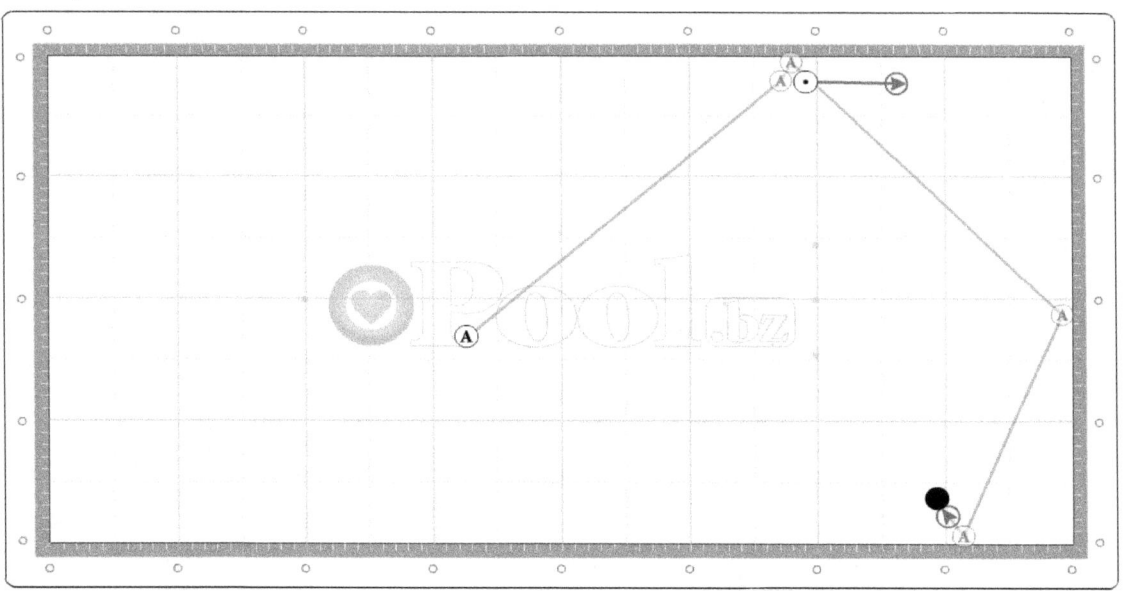

A:2b – Opstelling

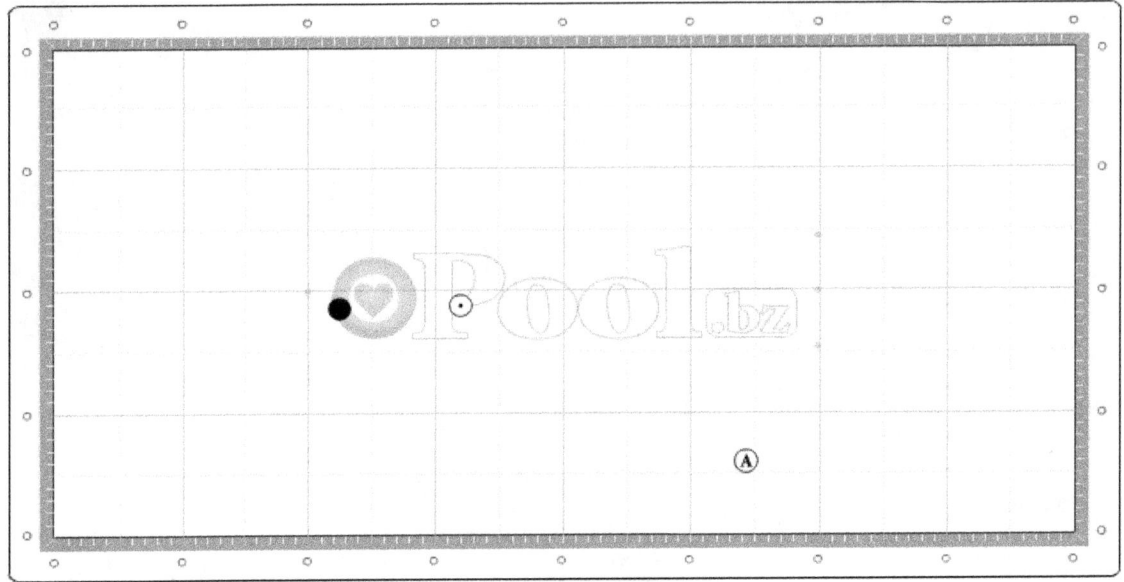

Opmerkingen en ideeën:

Schotpatroon

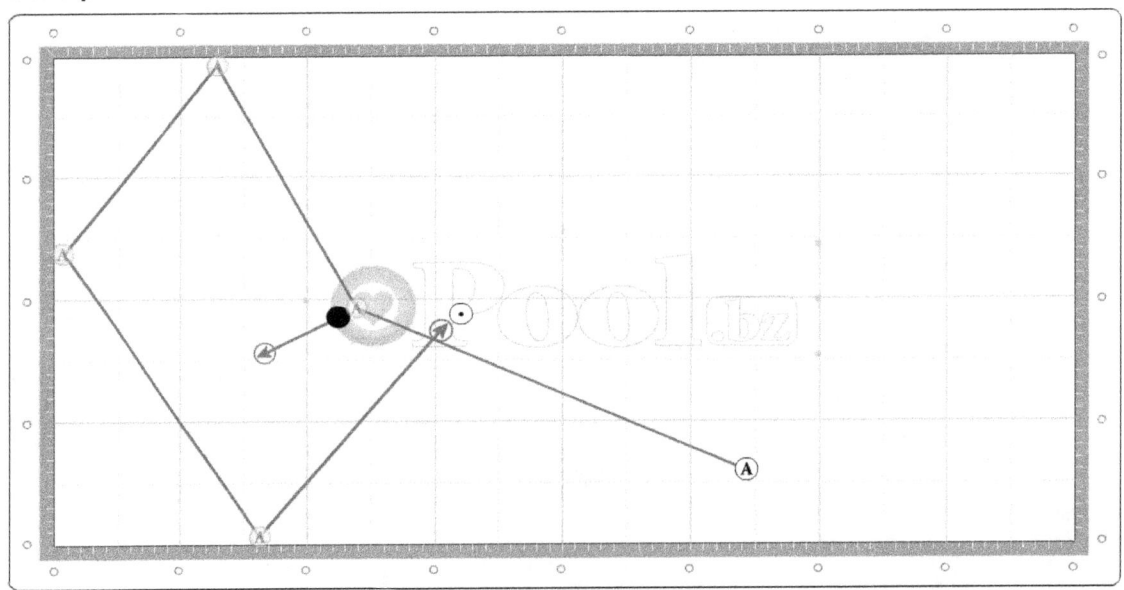

A:2c – Opstelling

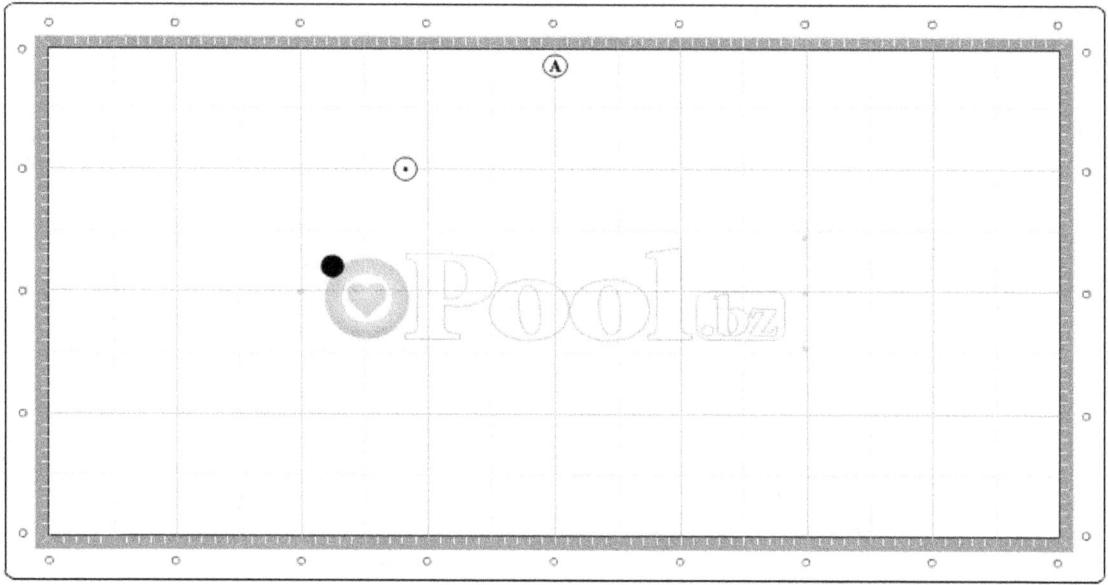

Opmerkingen en ideeën:

Schotpatroon

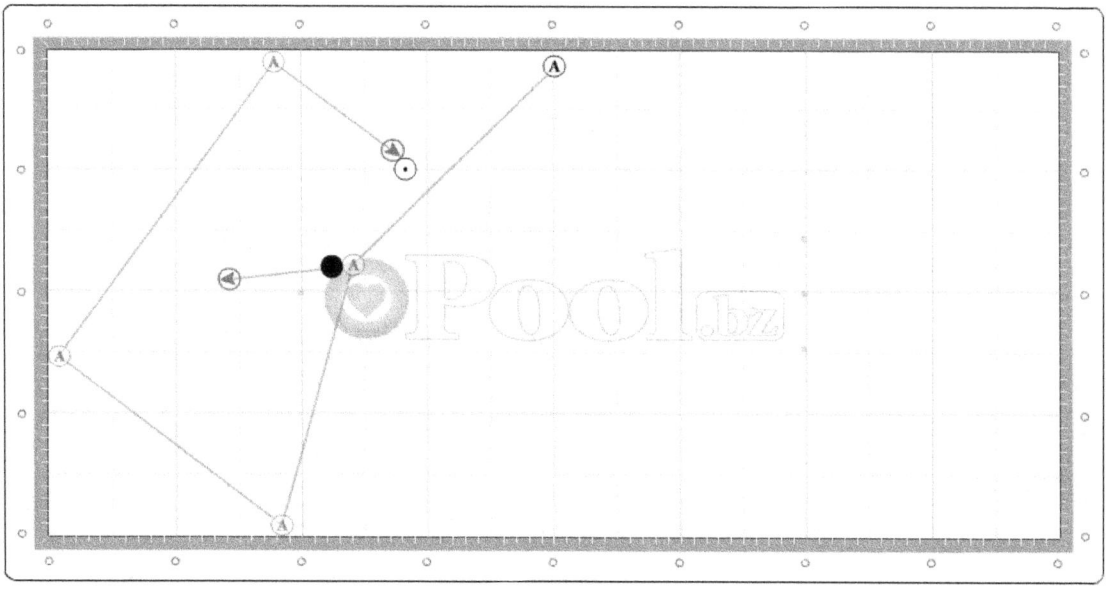

A:2d – Opstelling

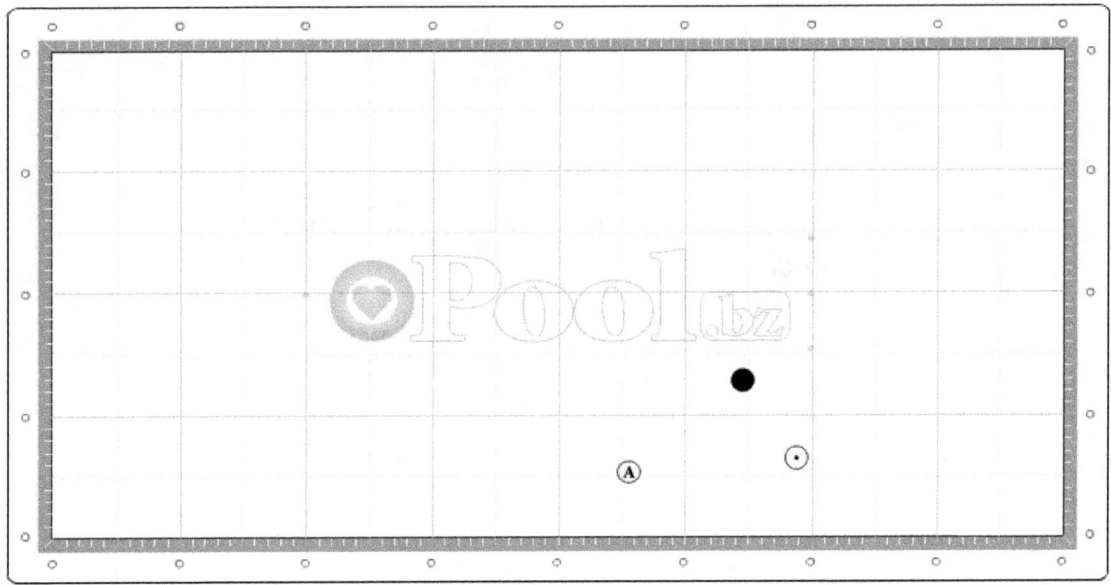

Opmerkingen en ideeën:

Schotpatroon

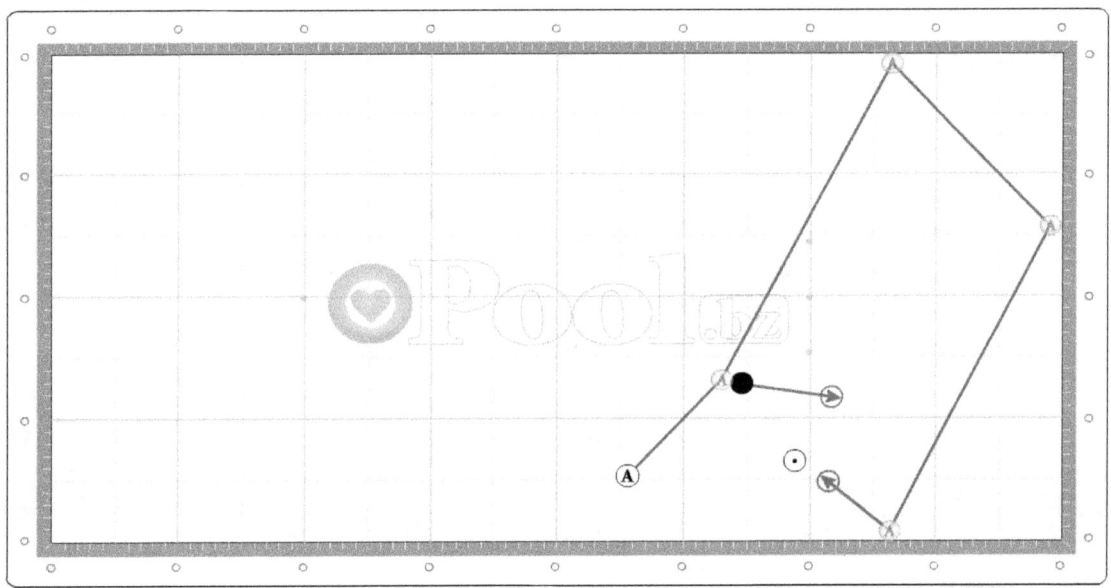

A: Groep 3

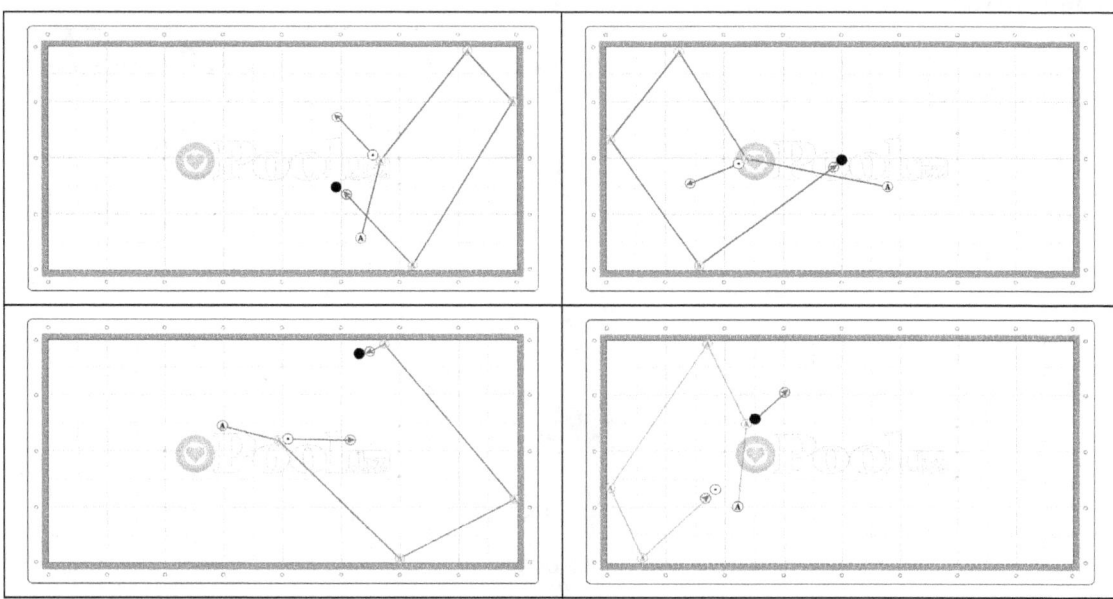

Analyse:

A:3a. _____

A:3b. _____

A:3c. _____

A:3d. _____

A:3a – Opstelling

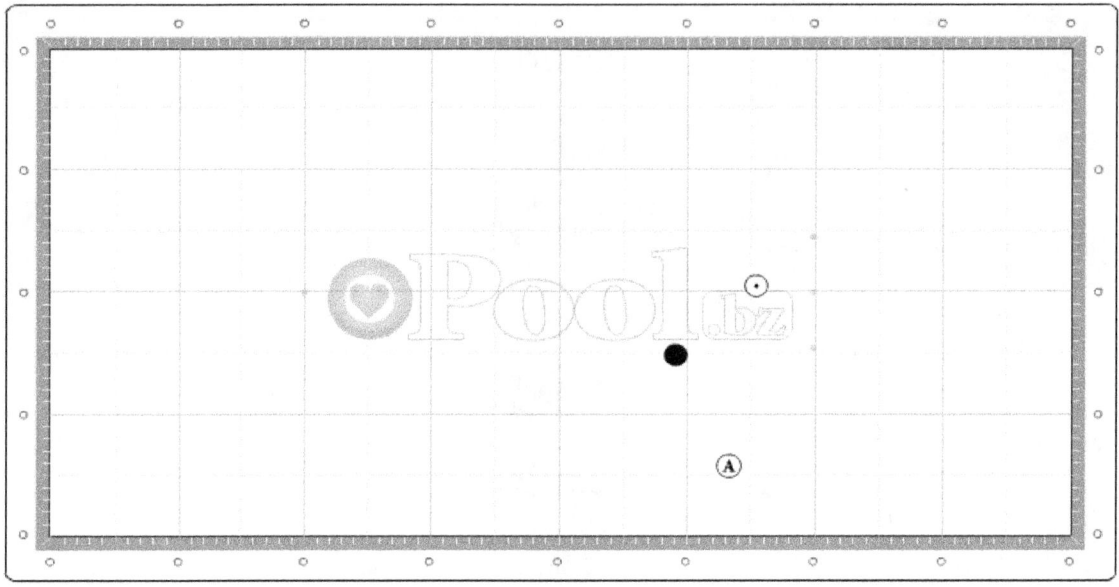

Opmerkingen en ideeën:

Schotpatroon

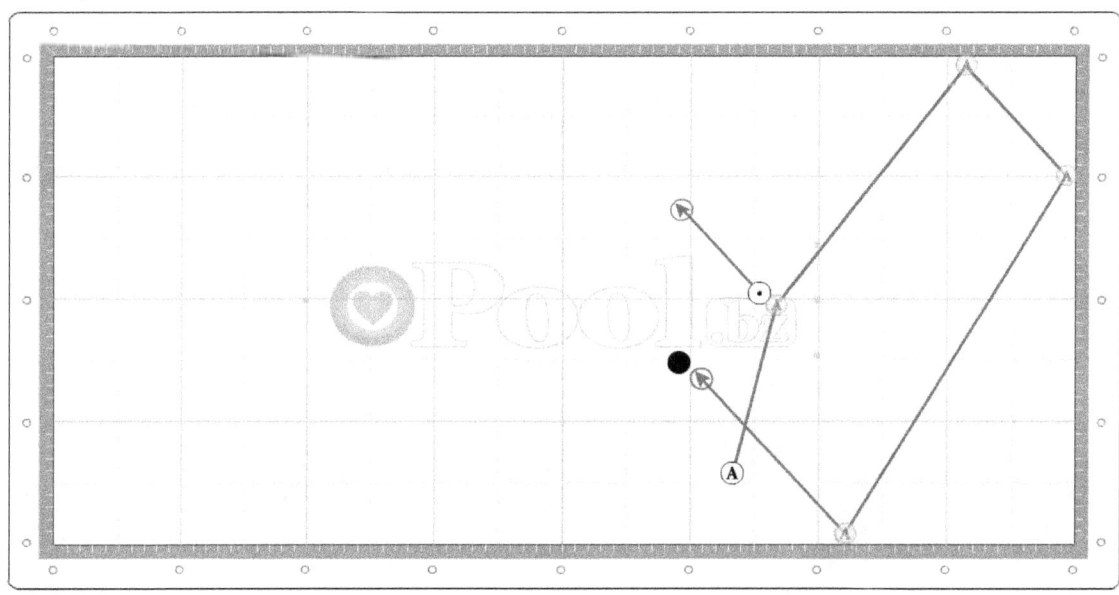

A:3b – Opstelling

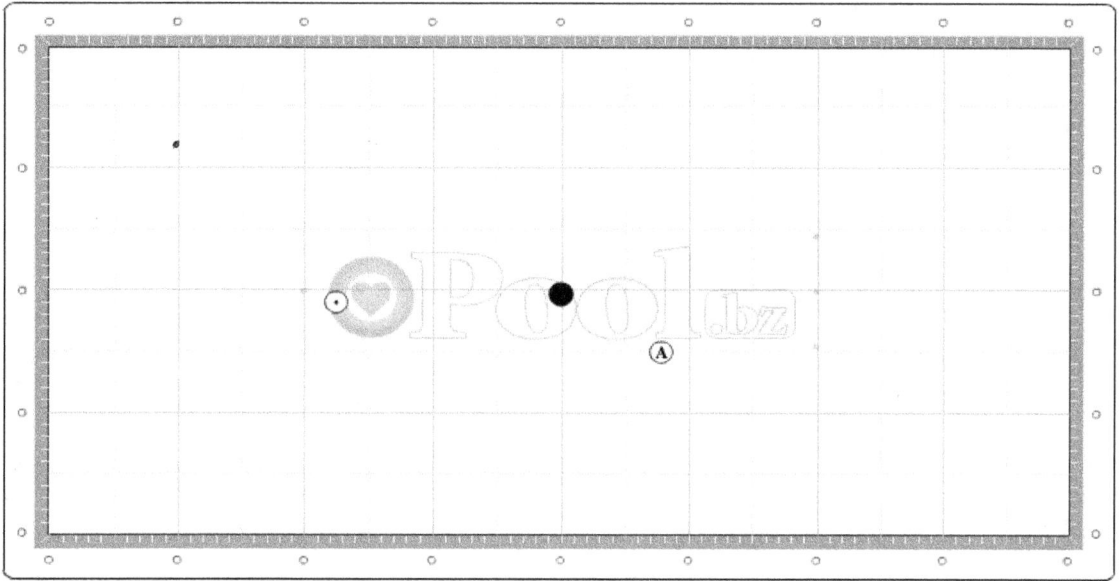

Opmerkingen en ideeën:

Schotpatroon

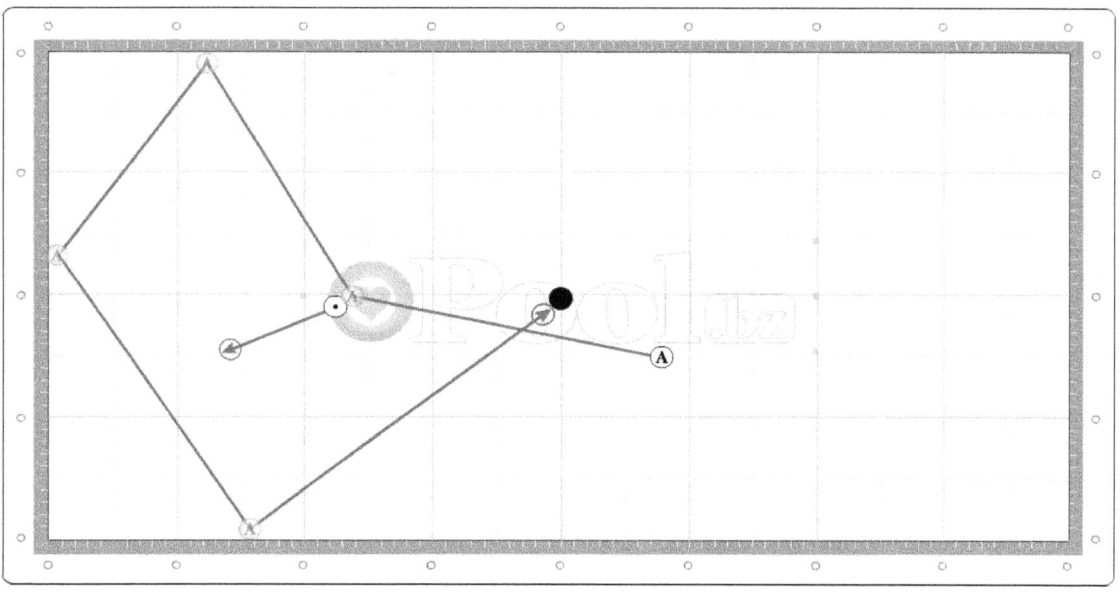

A:3c – Opstelling

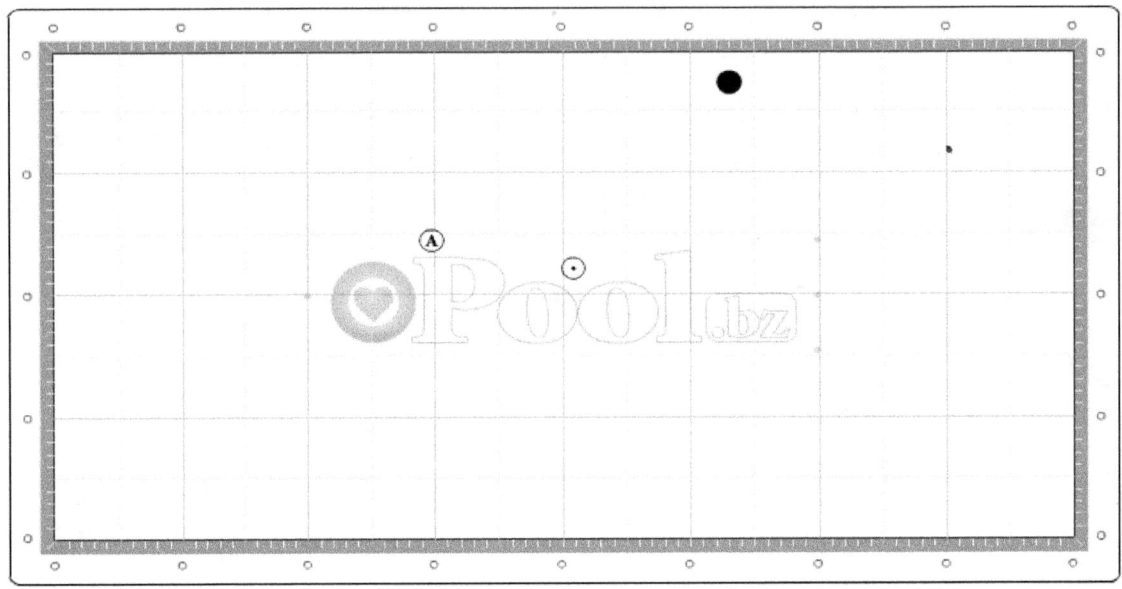

Opmerkingen en ideeën:

Schotpatroon

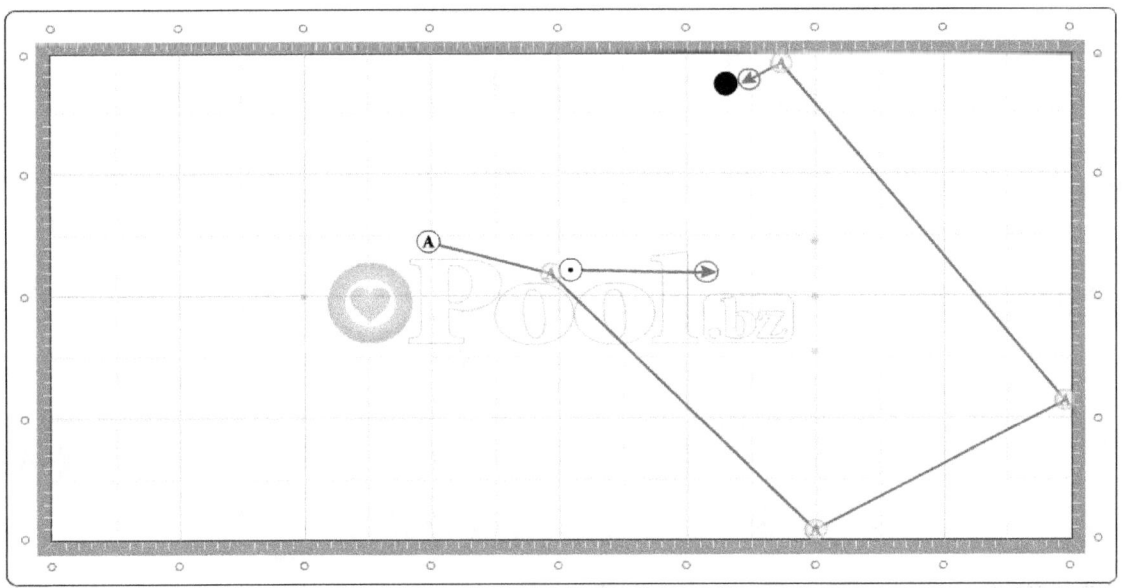

A:3d – Opstelling

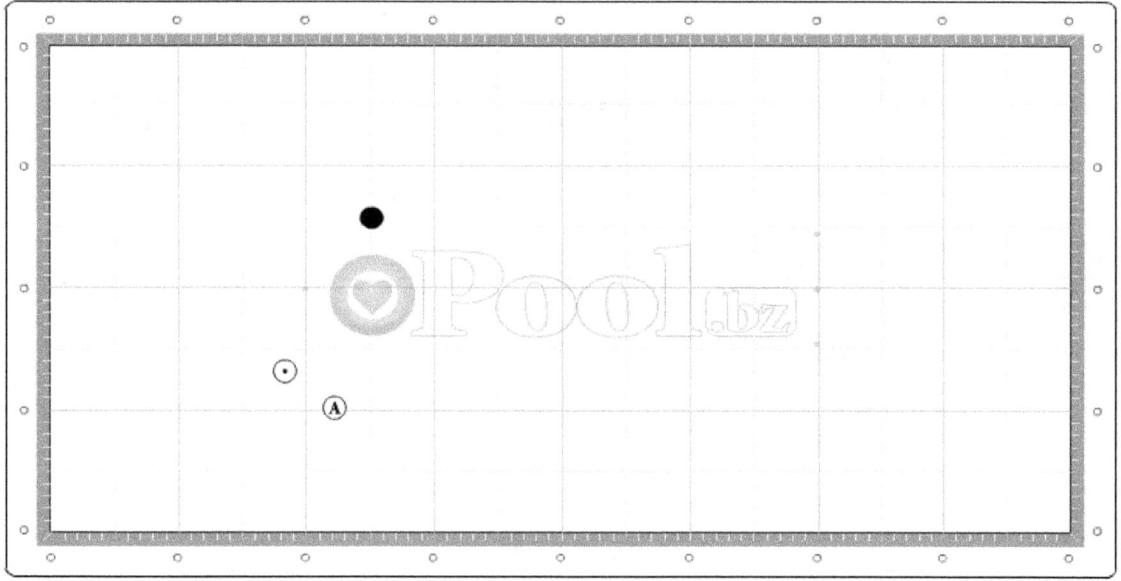

Opmerkingen en ideeën:

Schotpatroon

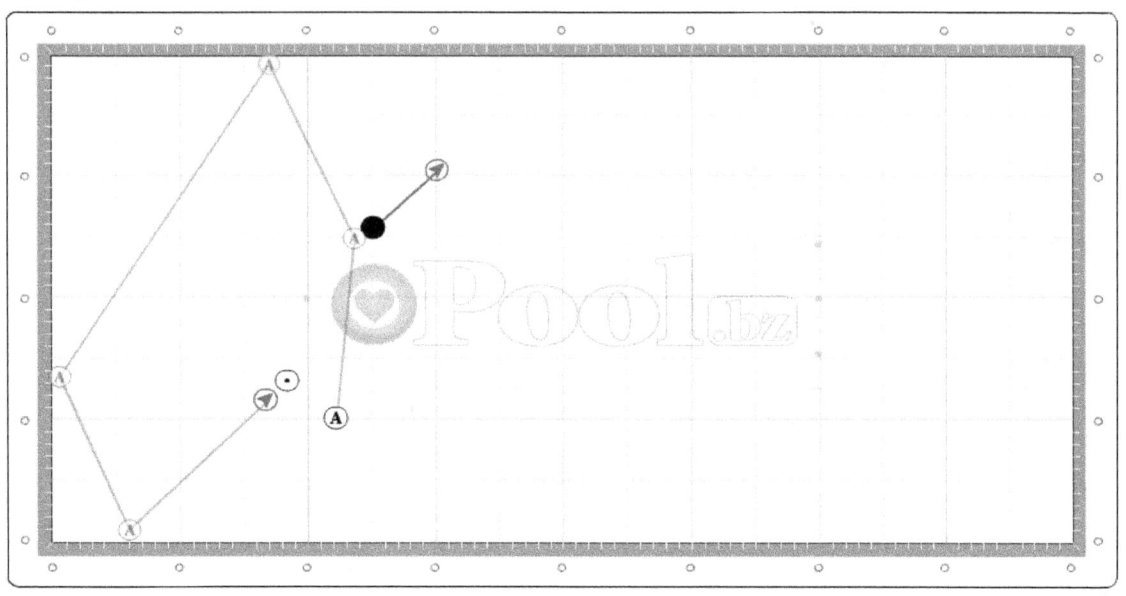

A: Groep 4

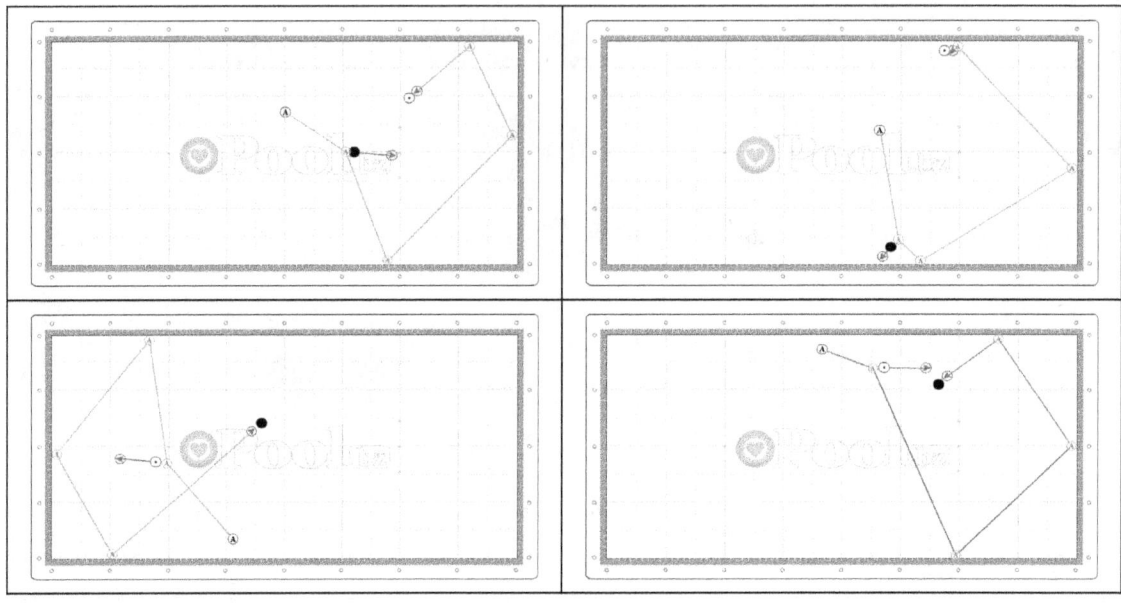

Analyse:

A:4a. _____

A:4b. _____

A:4c. _____

A:4d. _____

A:4a – Opstelling

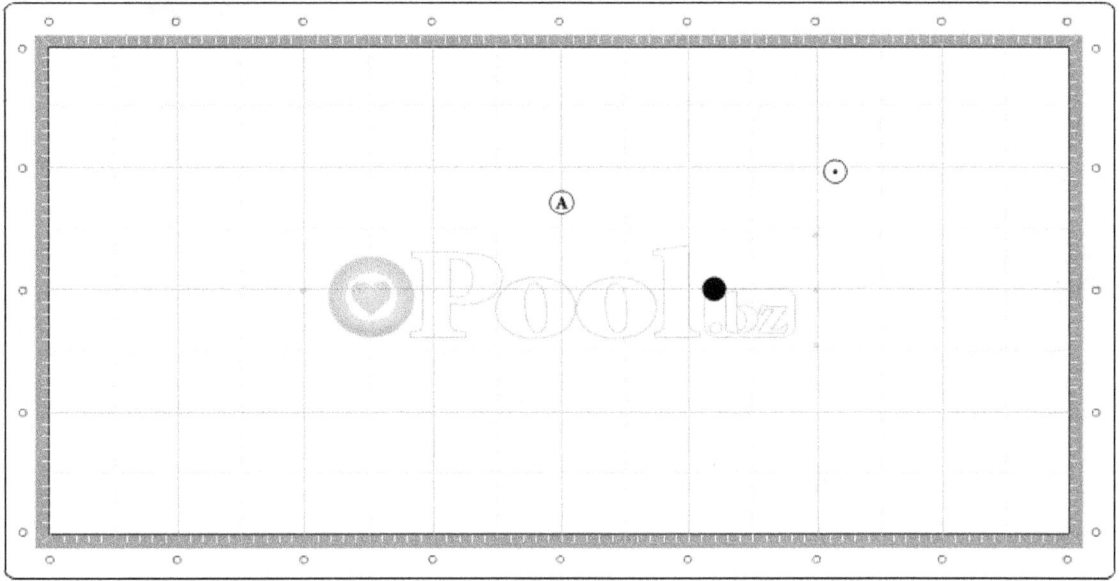

Opmerkingen en ideeën:

Schotpatroon

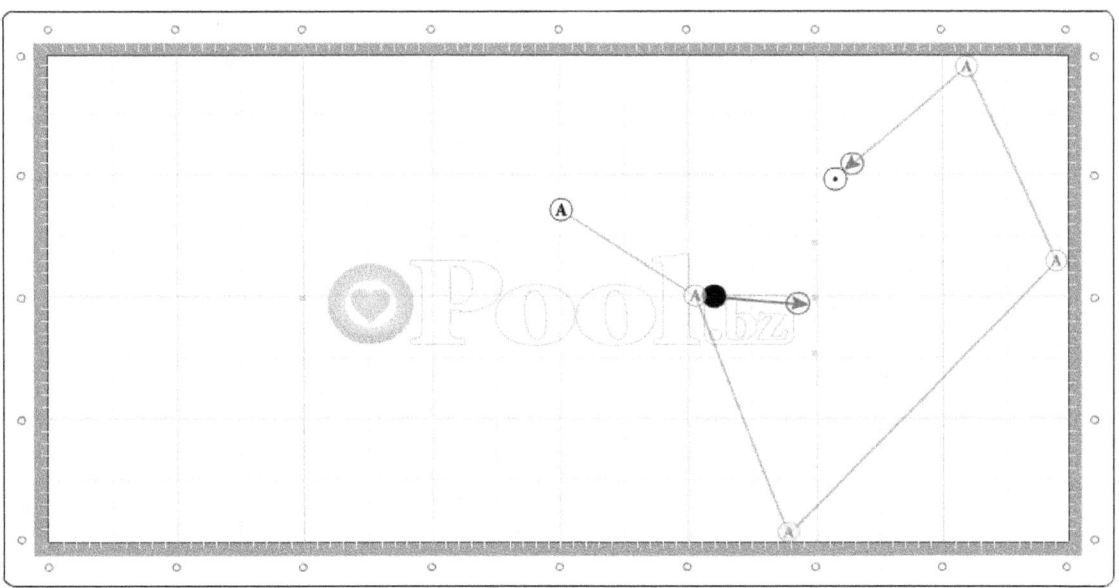

A:4b – Opstelling

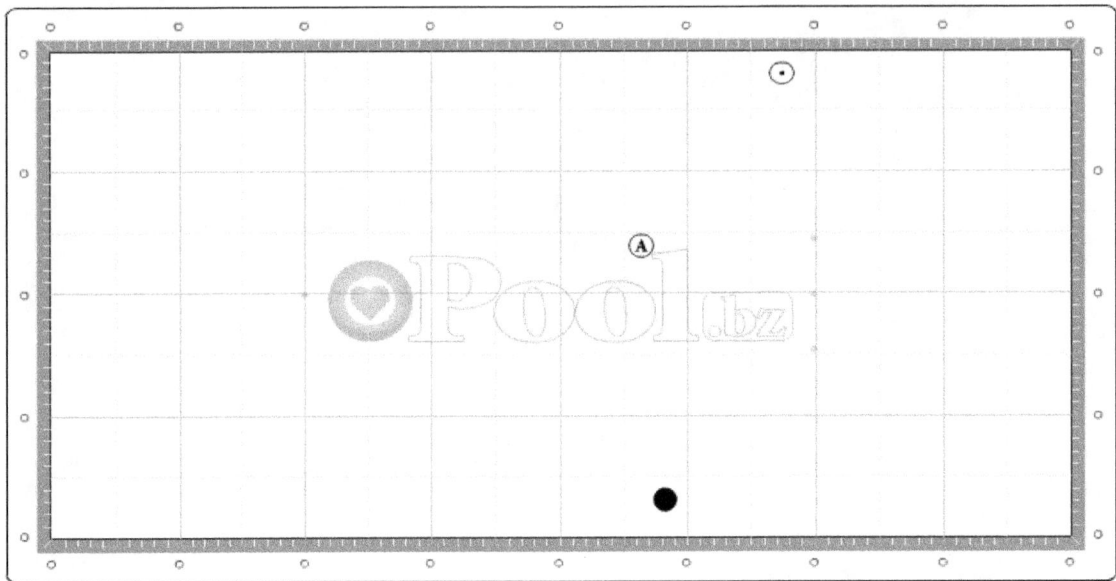

Opmerkingen en ideeën:

Schotpatroon

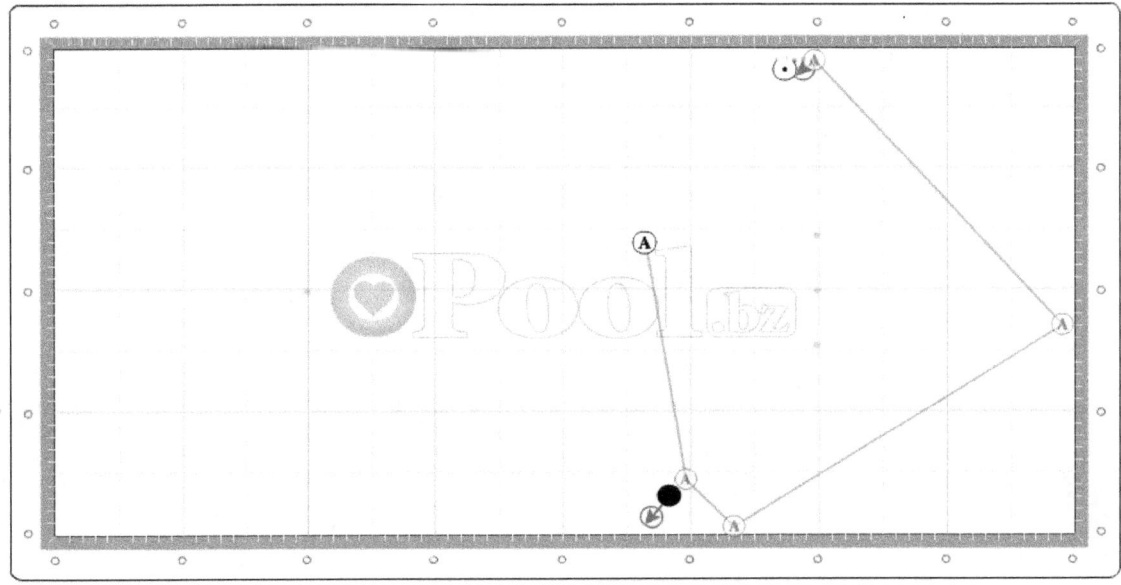

A:4c – Opstelling

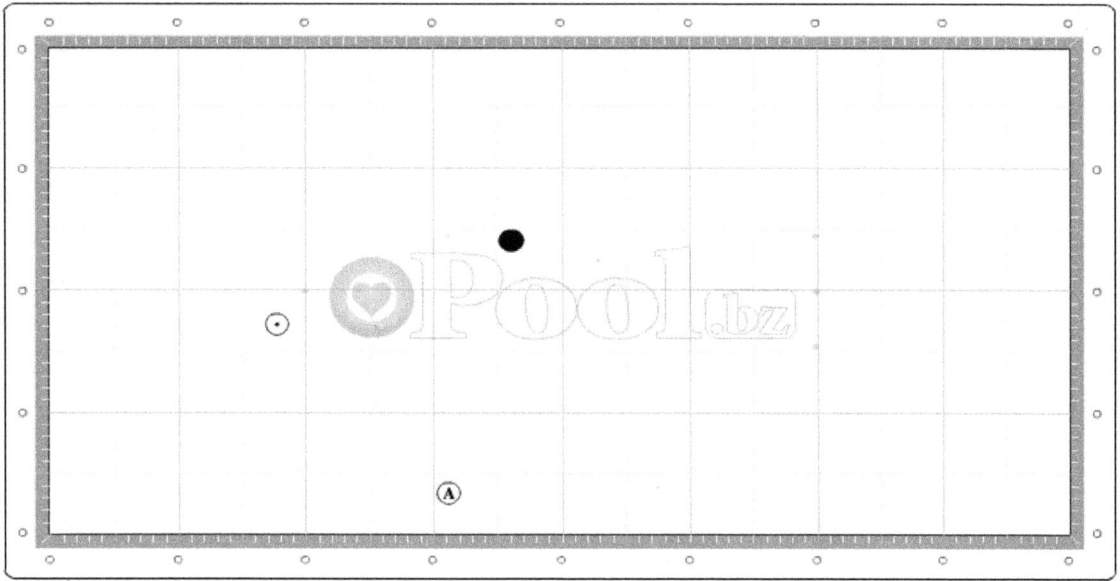

Opmerkingen en ideeën:

Schotpatroon

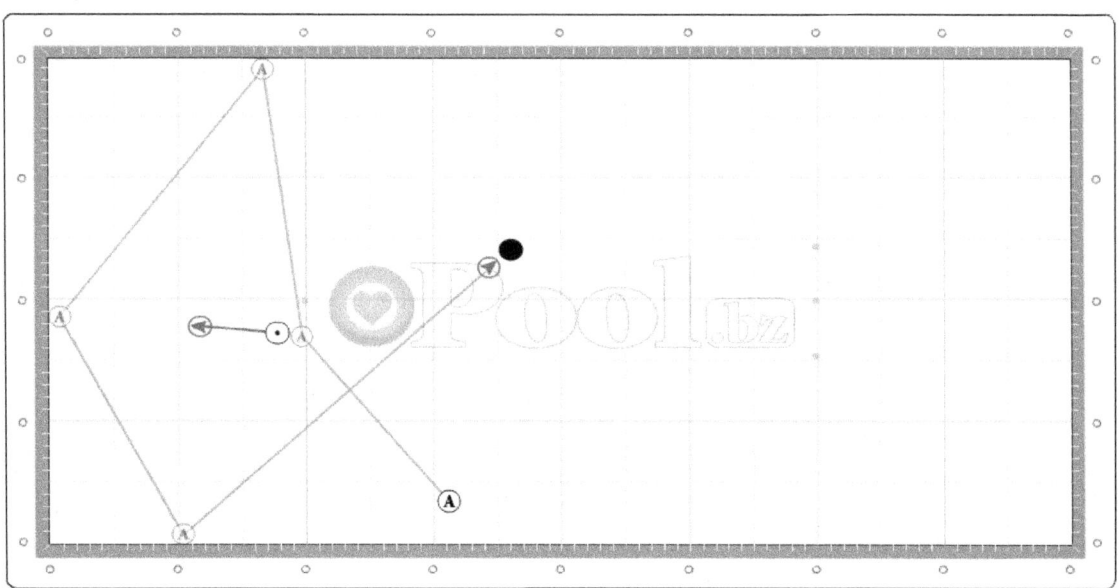

A:4d – Opstelling

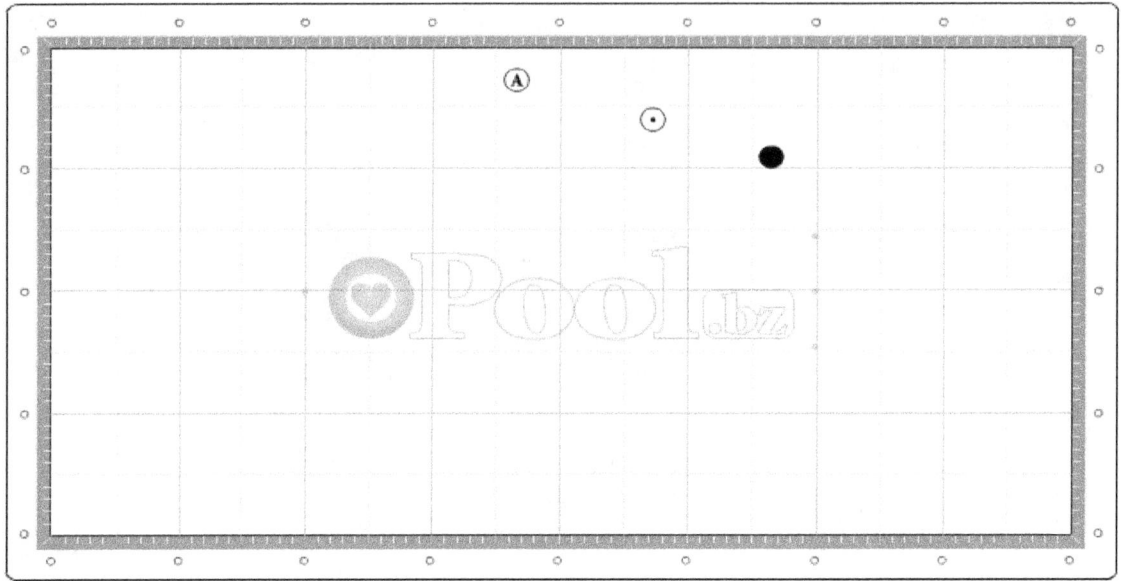

Opmerkingen en ideeën:

Schotpatroon

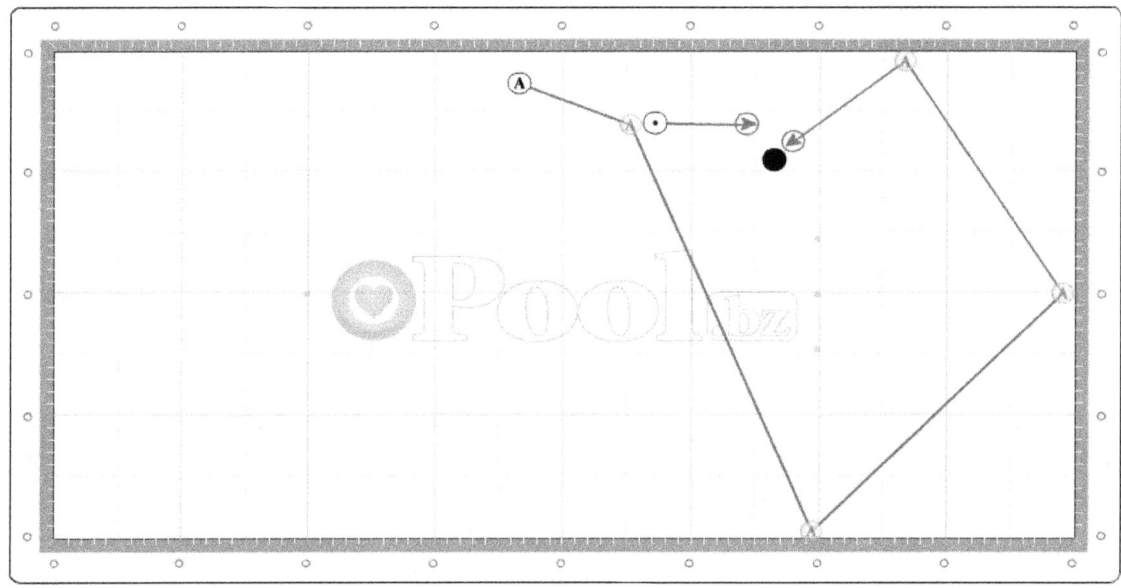

A: Groep 5

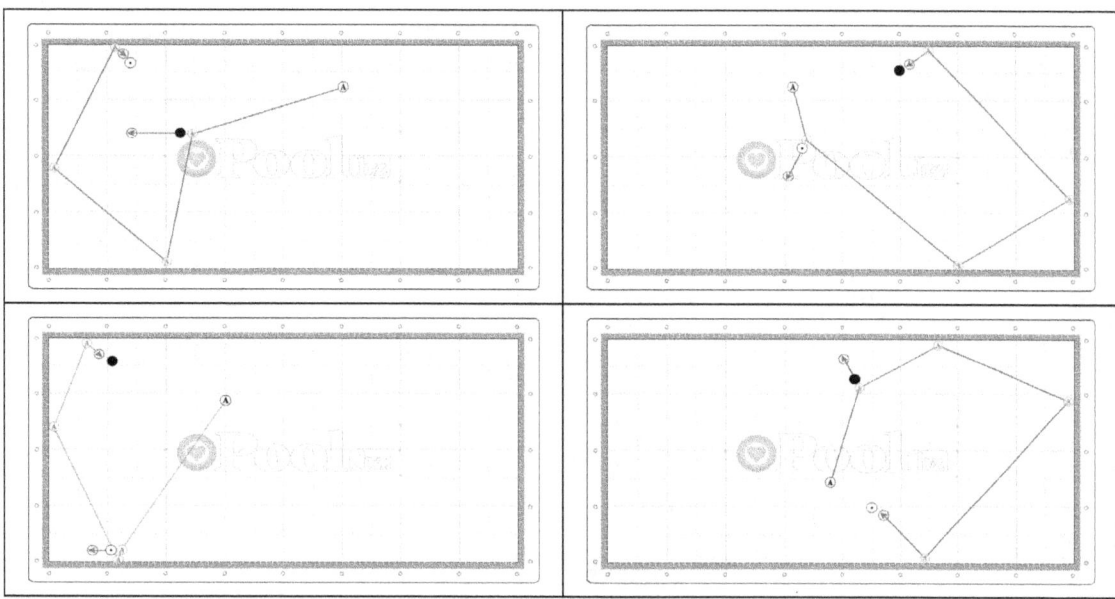

Analyse:

A:5a. _____

A:5b. _____

A:5c. _____

A:5d. _____

A:5a – Opstelling

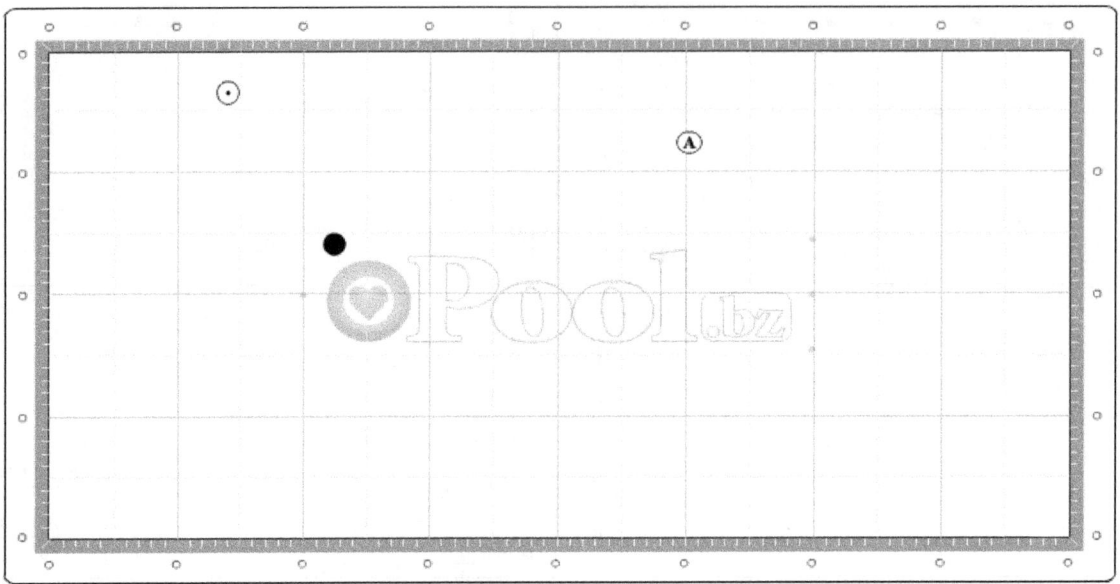

Opmerkingen en ideeën:

Schotpatroon

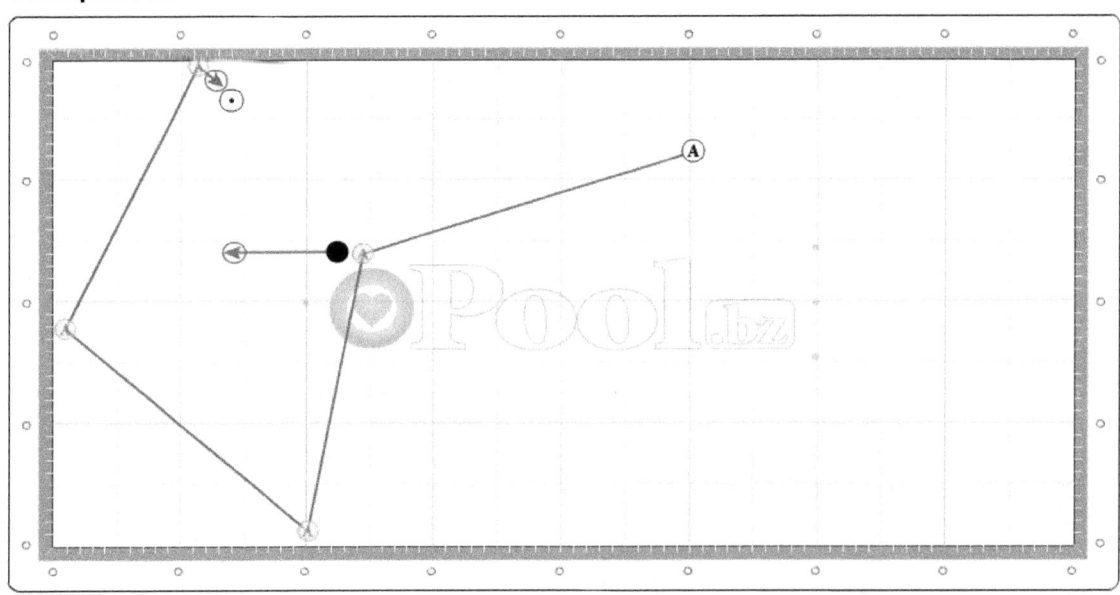

A:5b – Opstelling

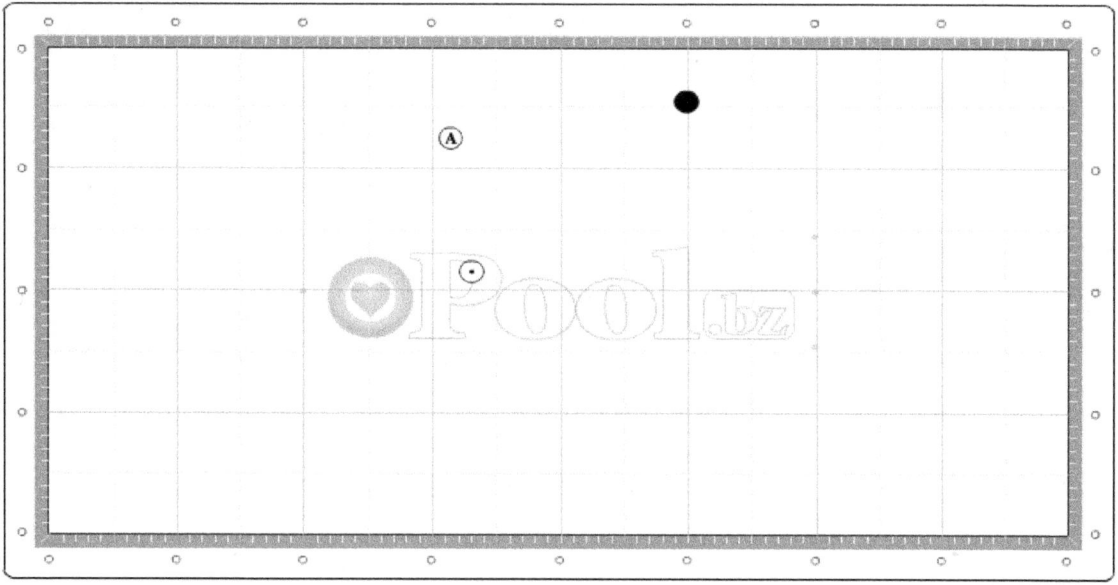

Opmerkingen en ideeën:

Schotpatroon

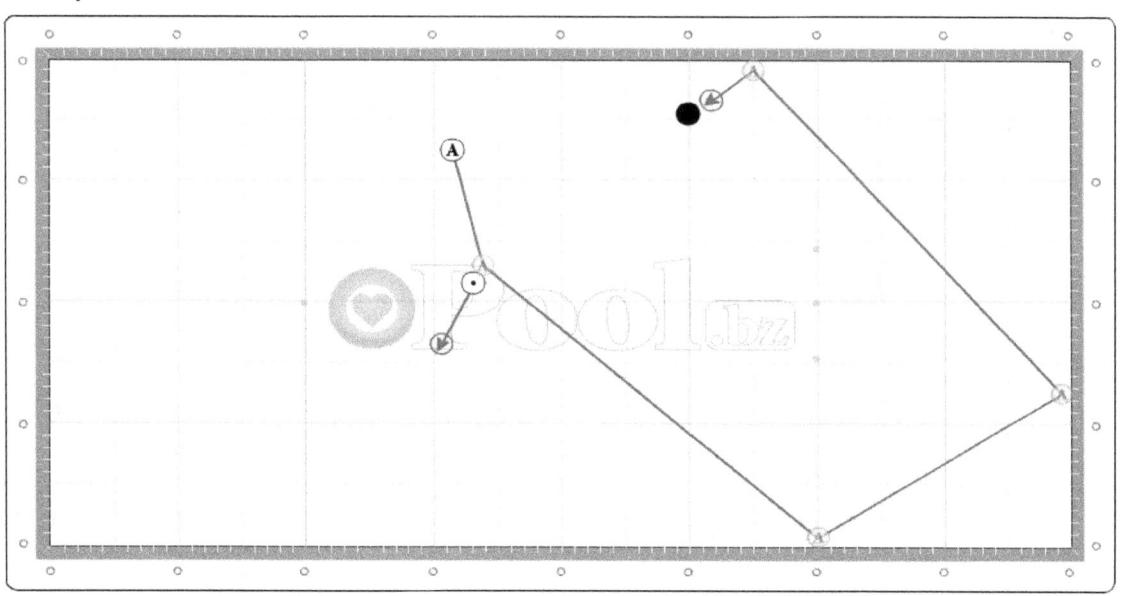

A:5c – Opstelling

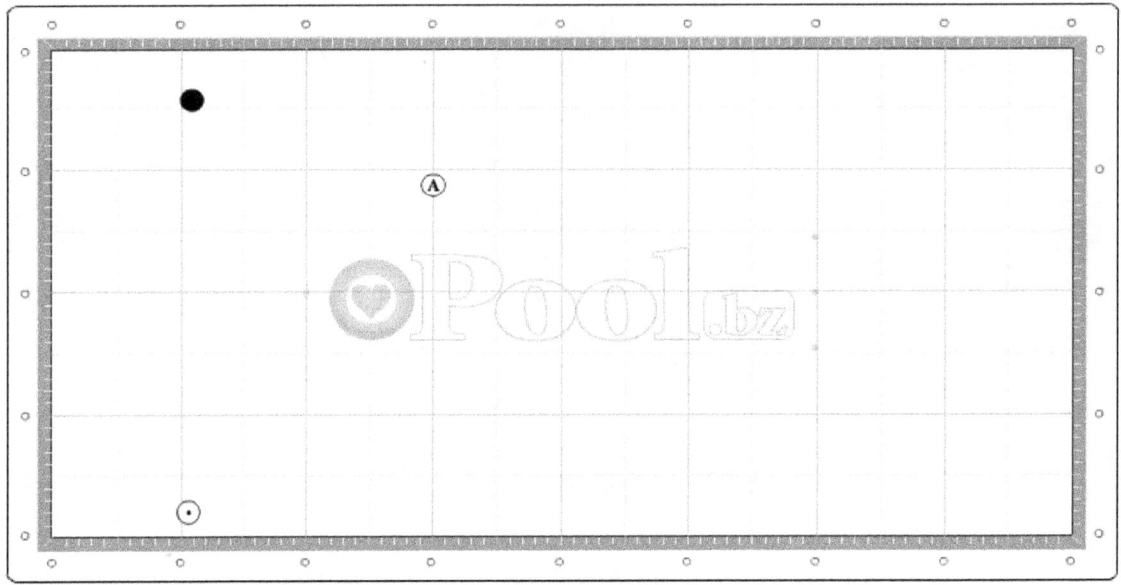

Opmerkingen en ideeën:

Schotpatroon

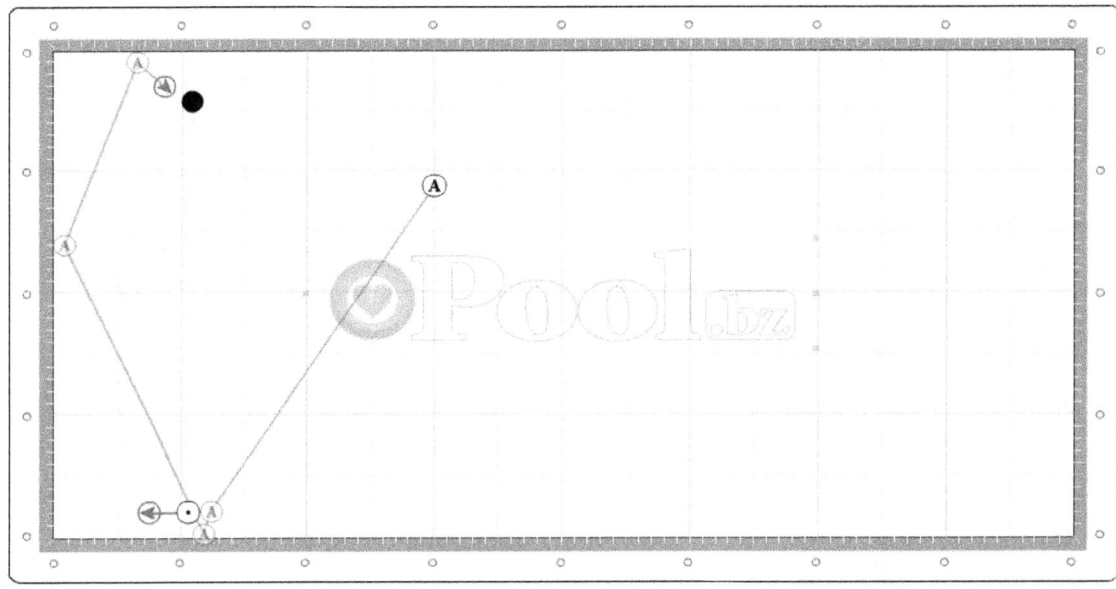

A:5d – Opstelling

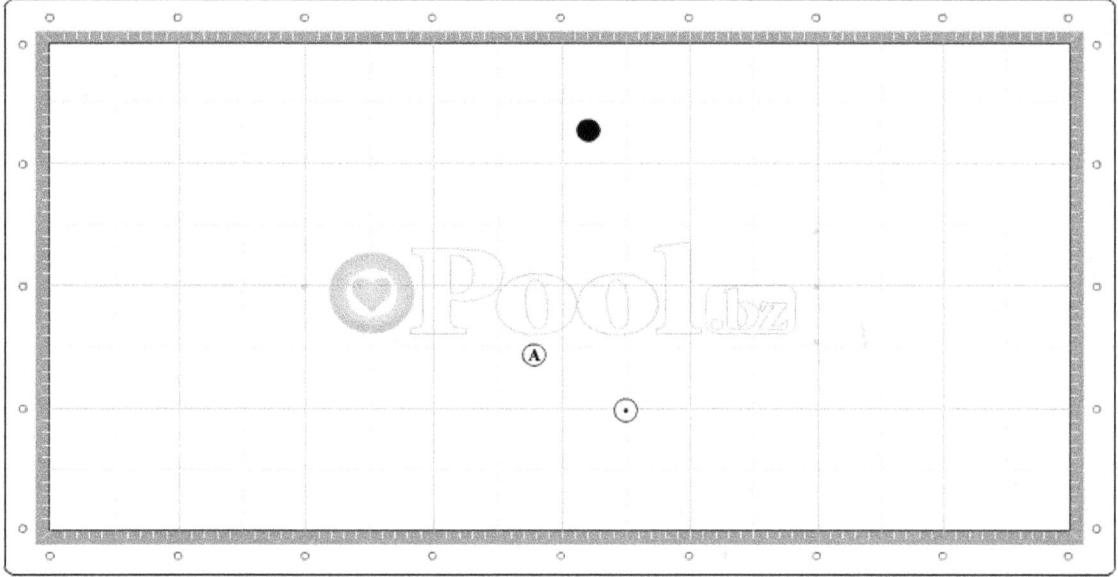

Opmerkingen en ideeën:

Schotpatroon

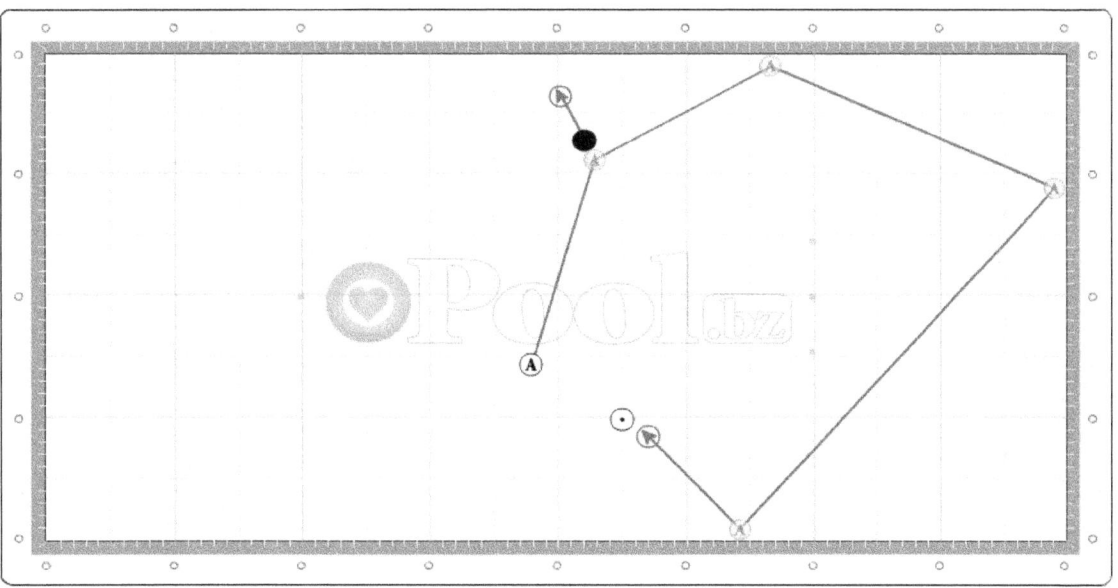

A: Groep 6

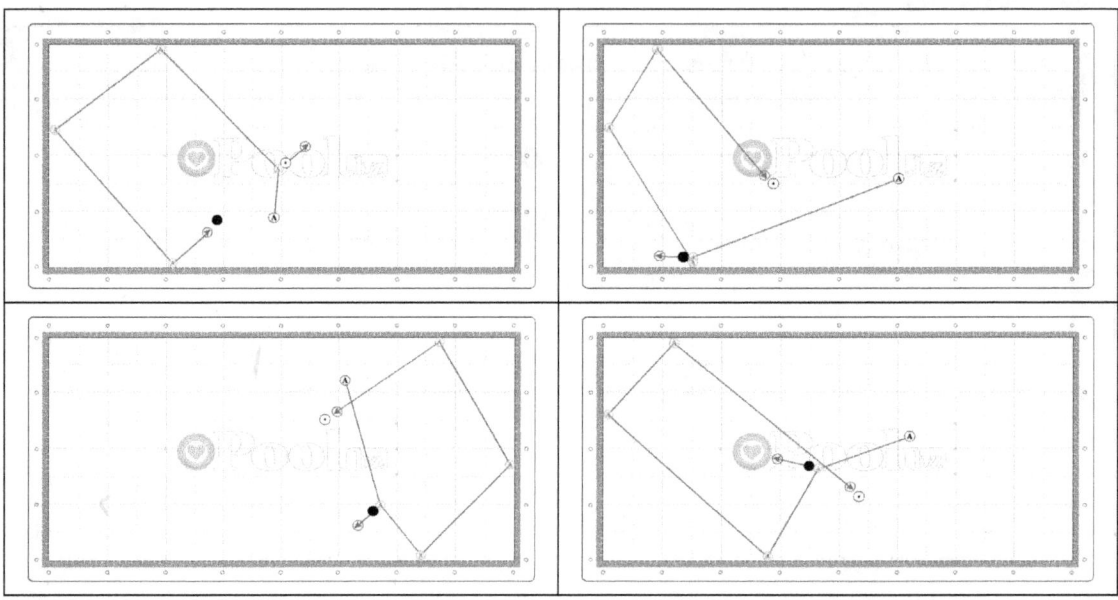

Analyse:

A:6a. _____

A:6b. _____

A:6c. _____

A:6d. _____

A:6a – Opstelling

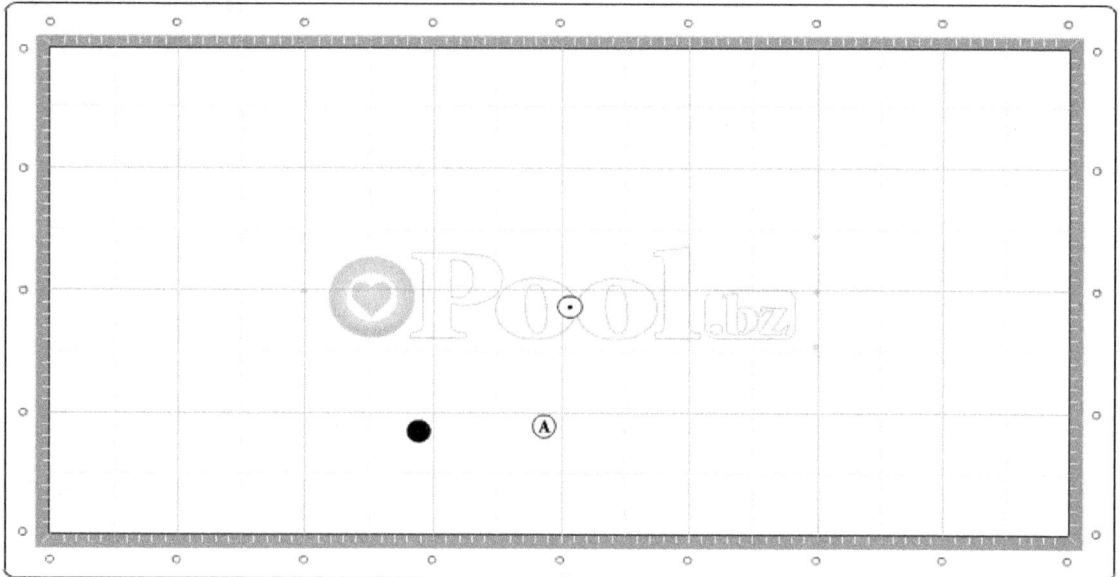

Opmerkingen en ideeën:

Schotpatroon

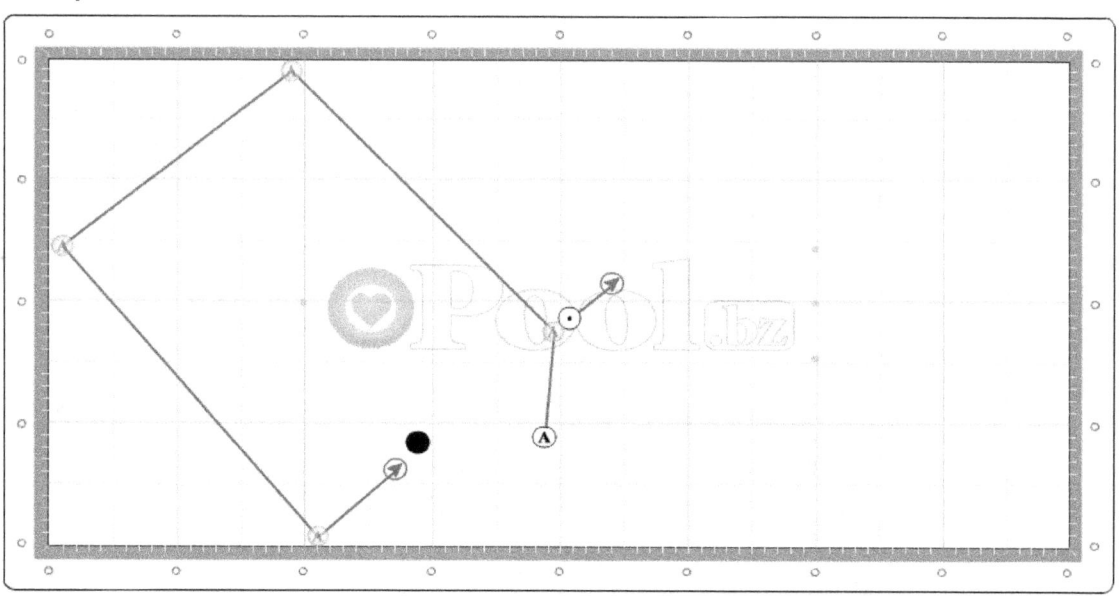

A:6b – Opstelling

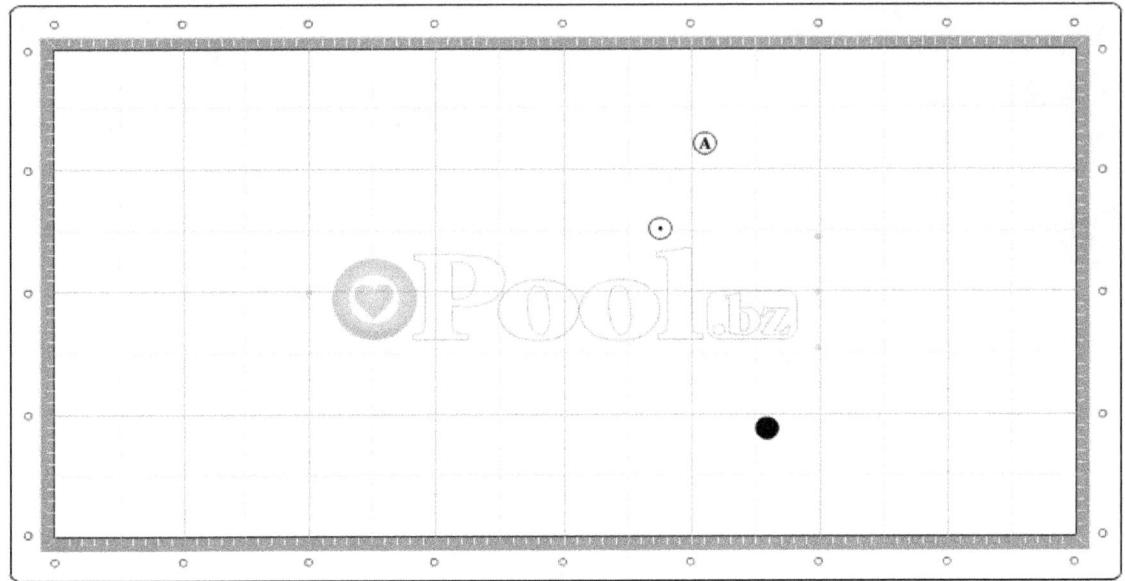

Opmerkingen en ideeën:

Schotpatroon

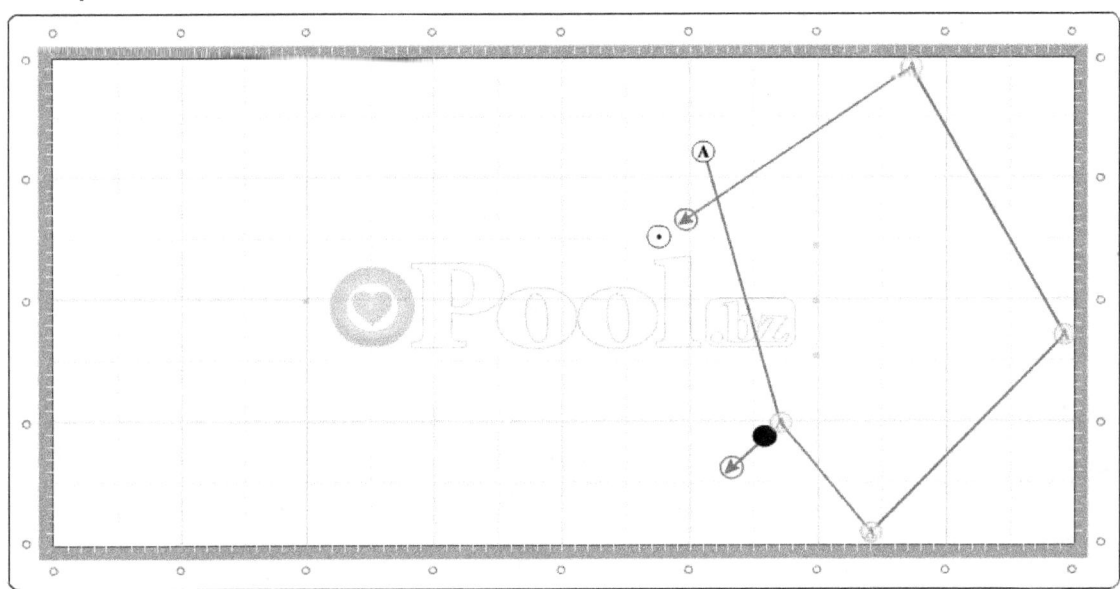

A:6c – Opstelling

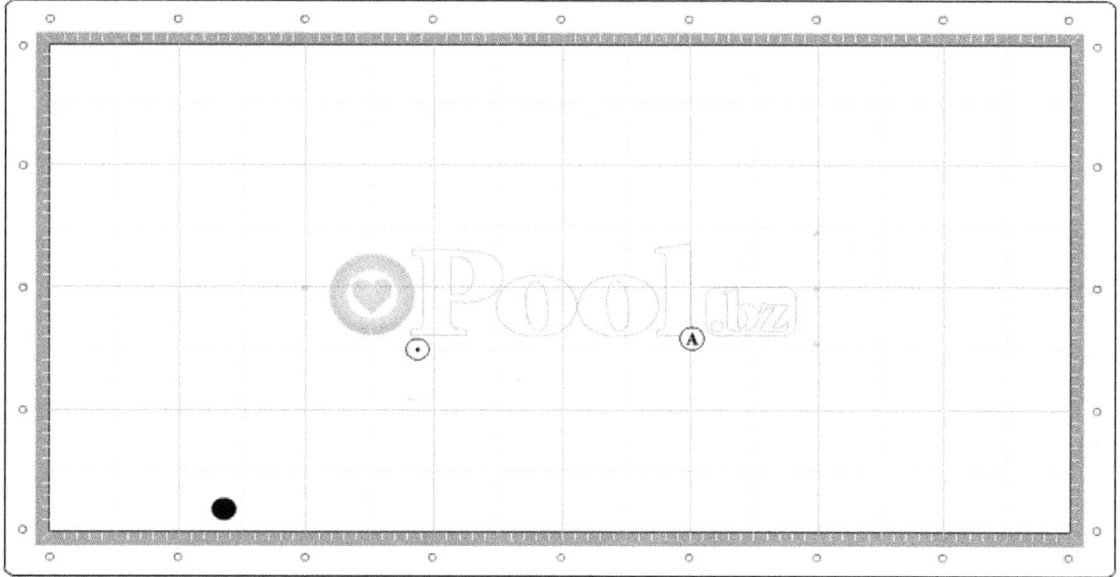

Opmerkingen en ideeën:

Schotpatroon

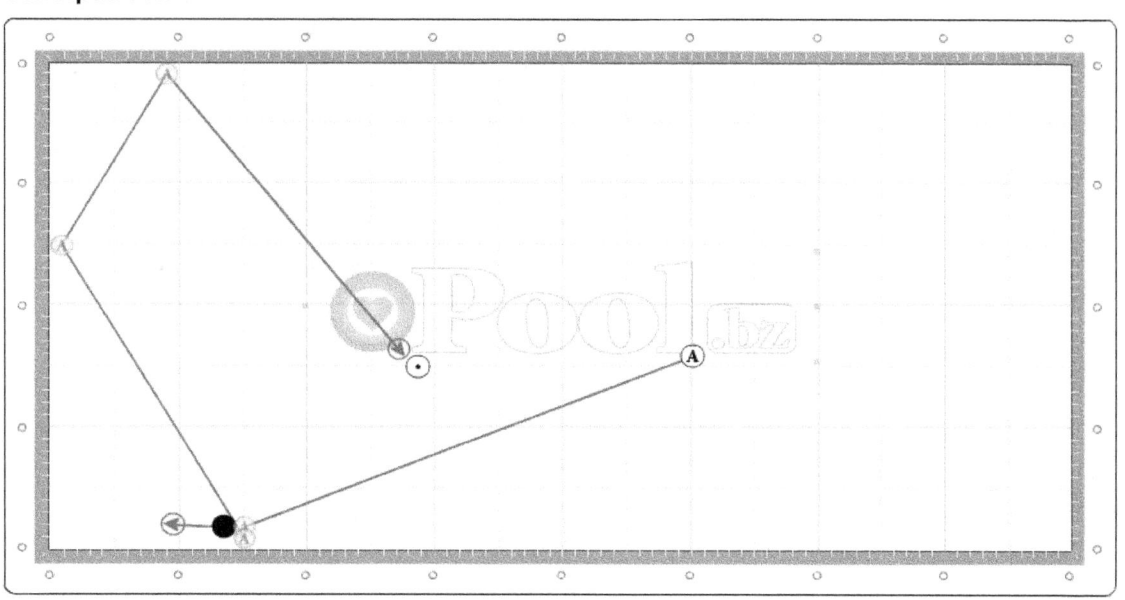

A:6d – Opstelling

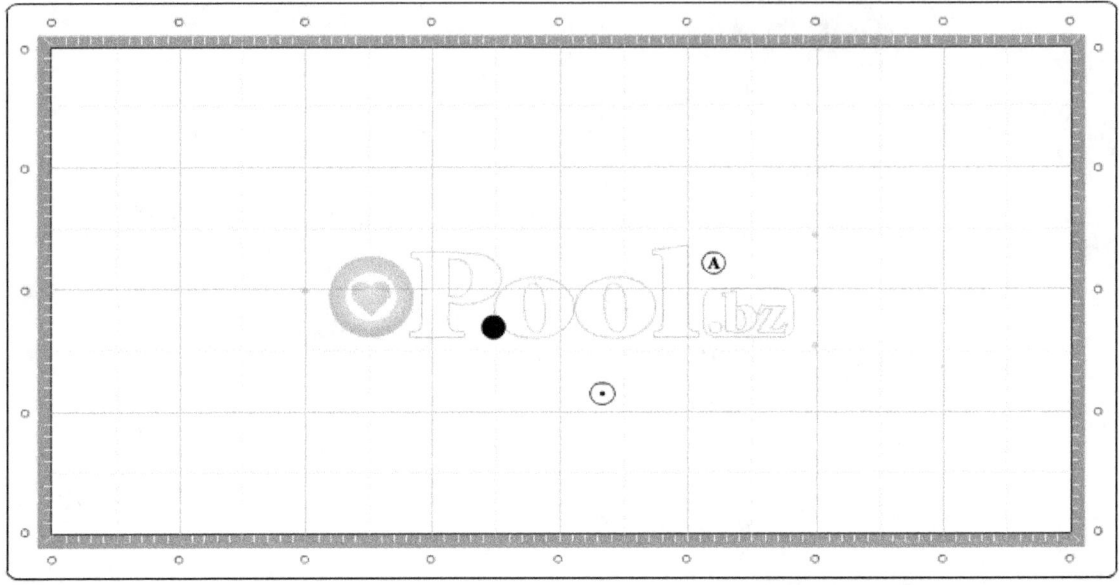

Opmerkingen en ideeën:

Schotpatroon

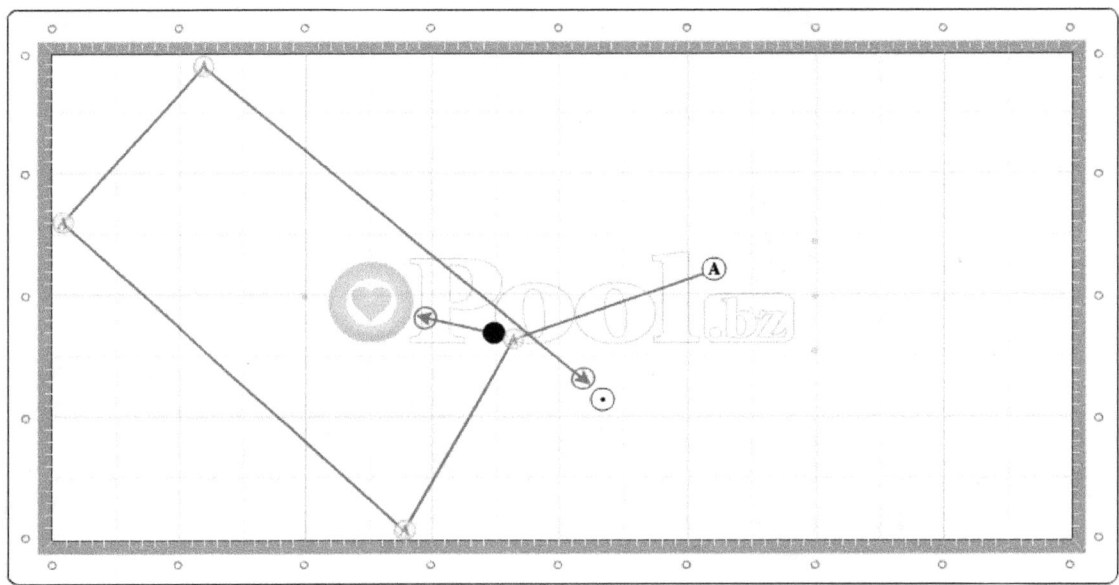

A: Groep 7

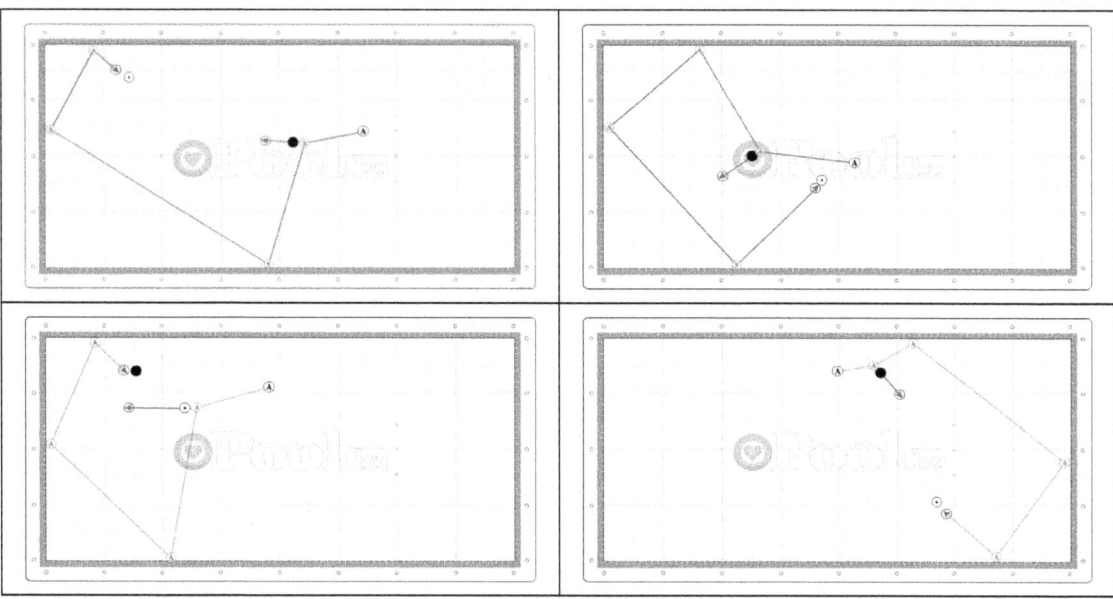

Analyse:

A:7a. _____

A:7b. _____

A:7c. _____

A:7d. _____

A:7a – Opstelling

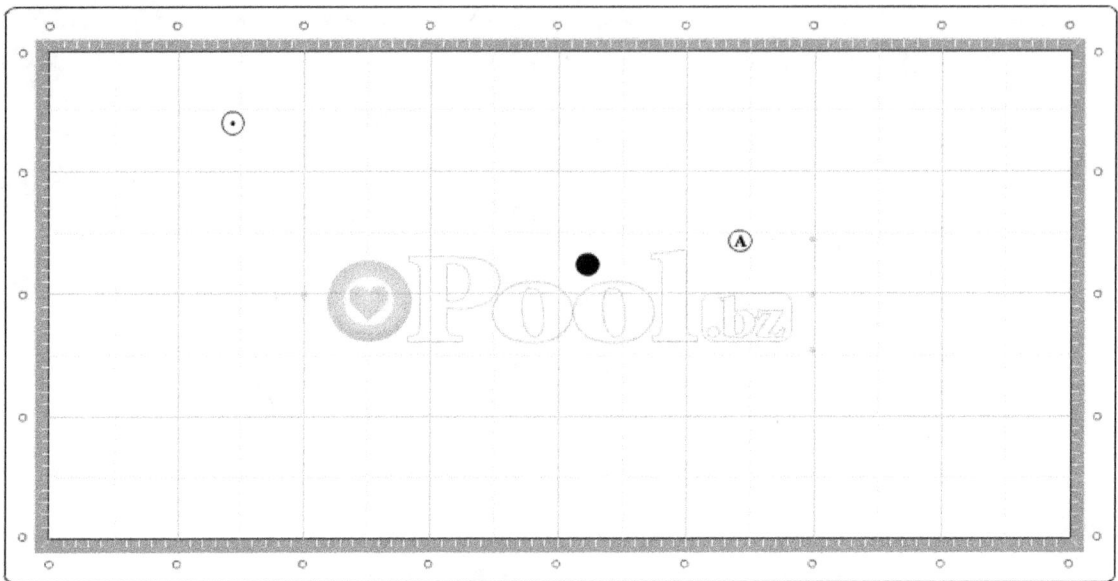

Opmerkingen en ideeën:

Schotpatroon

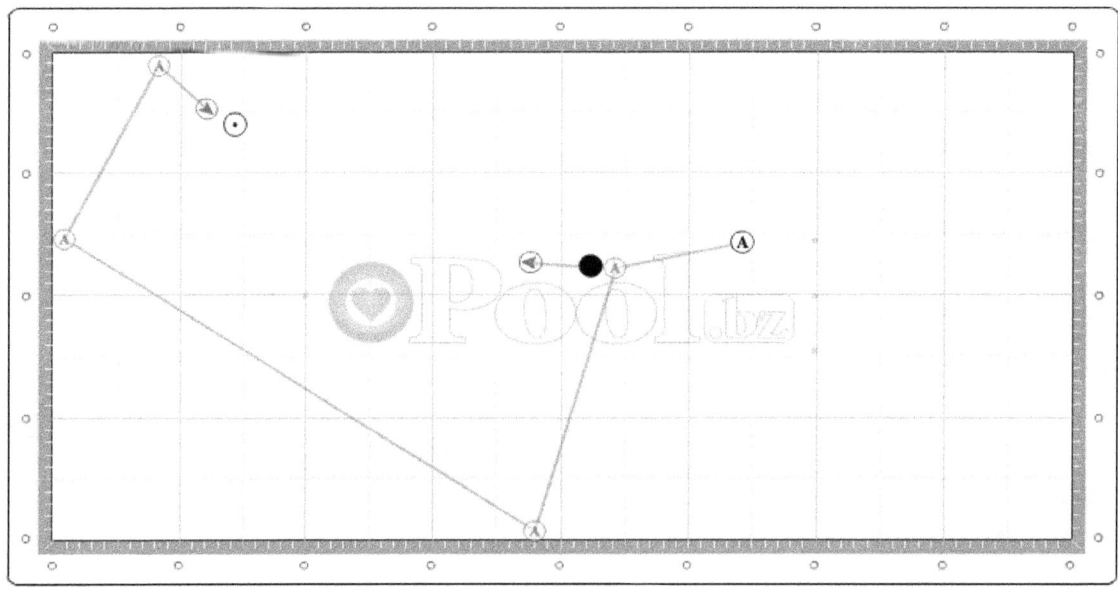

A:7b – Opstelling

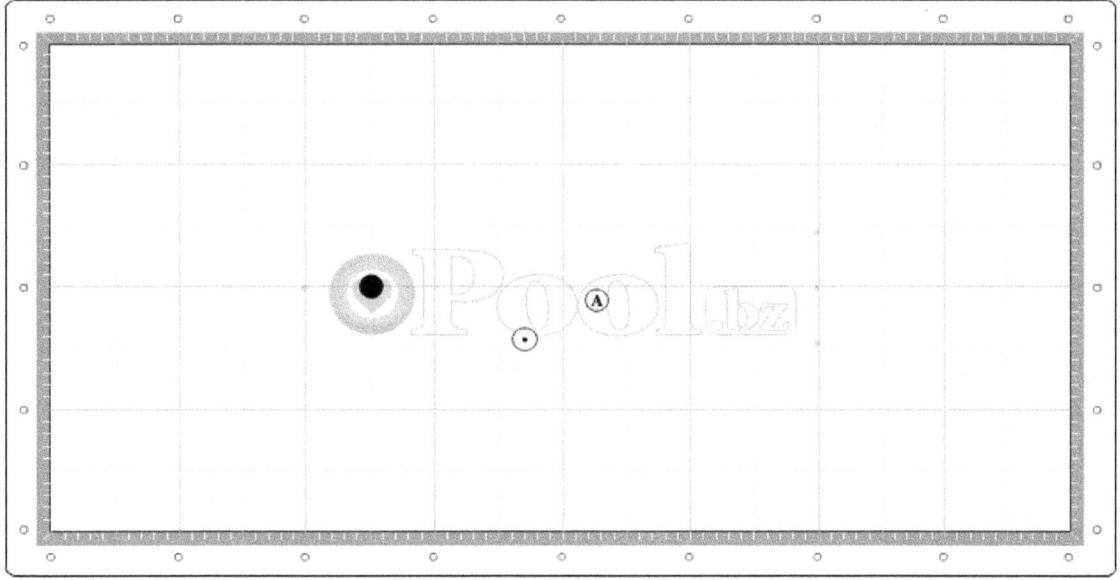

Opmerkingen en ideeën:

Schotpatroon

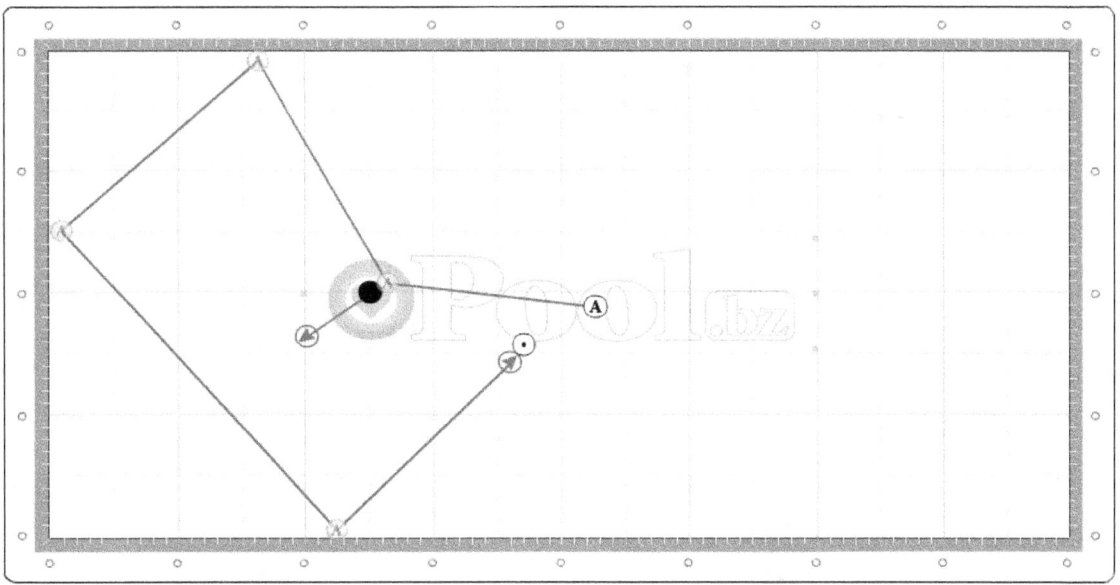

A:7c – Opstelling

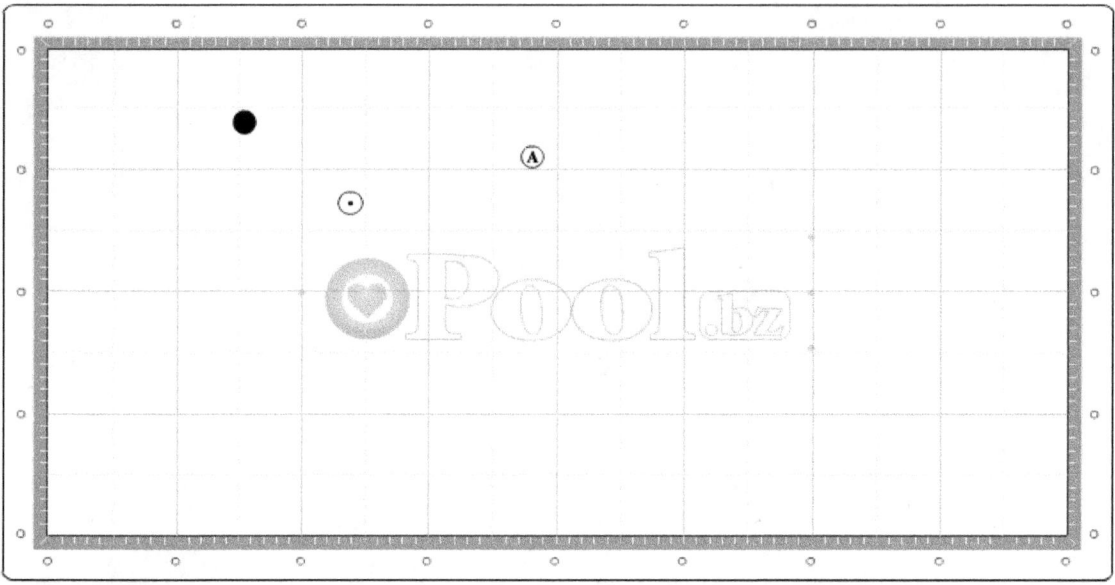

Opmerkingen en ideeën:

Schotpatroon

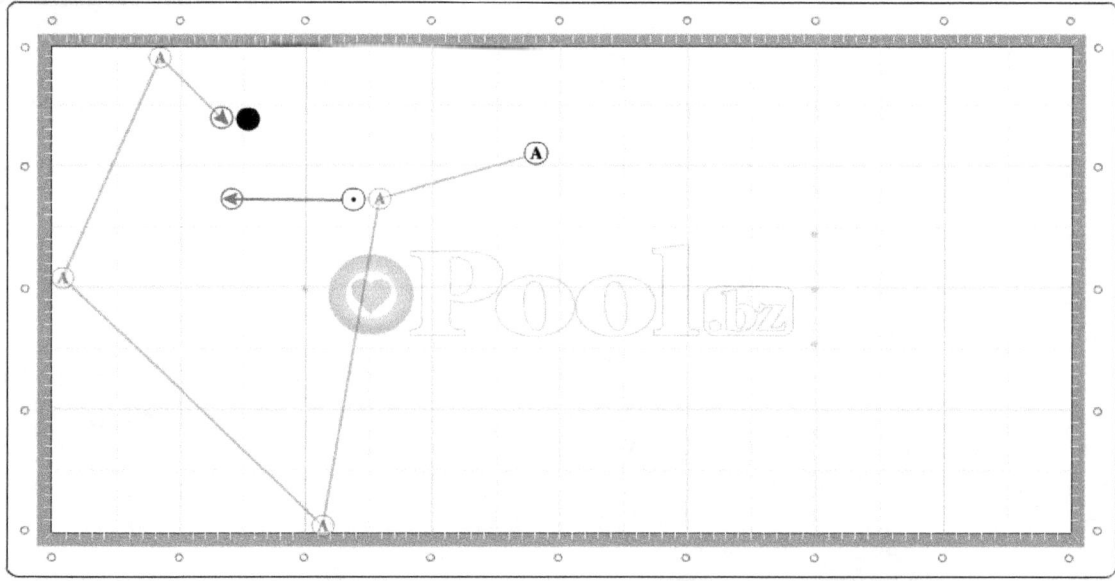

A:7d – Opstelling

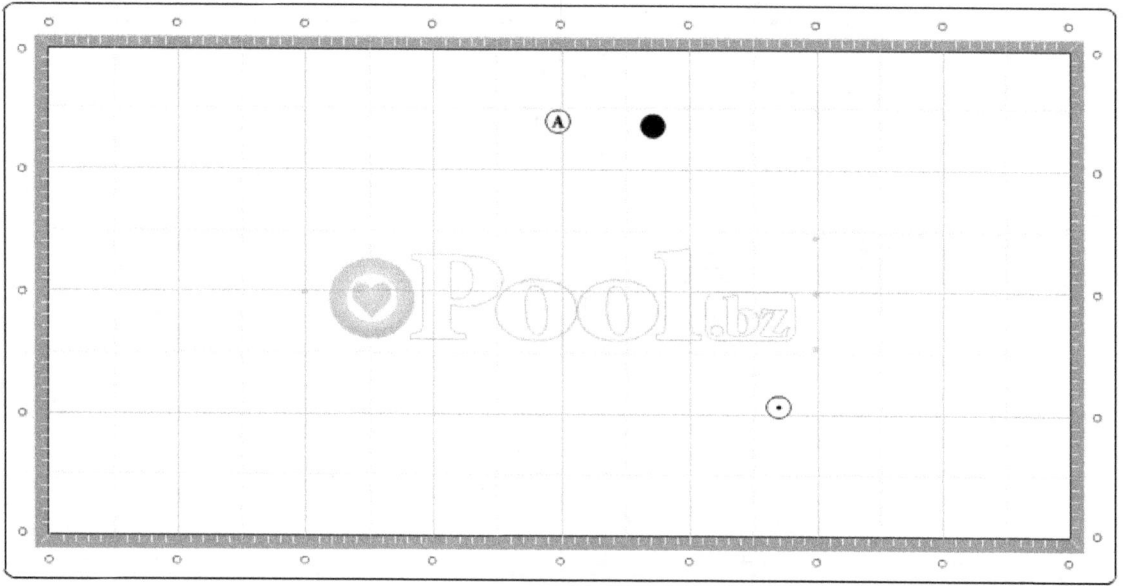

Opmerkingen en ideeën:

Schotpatroon

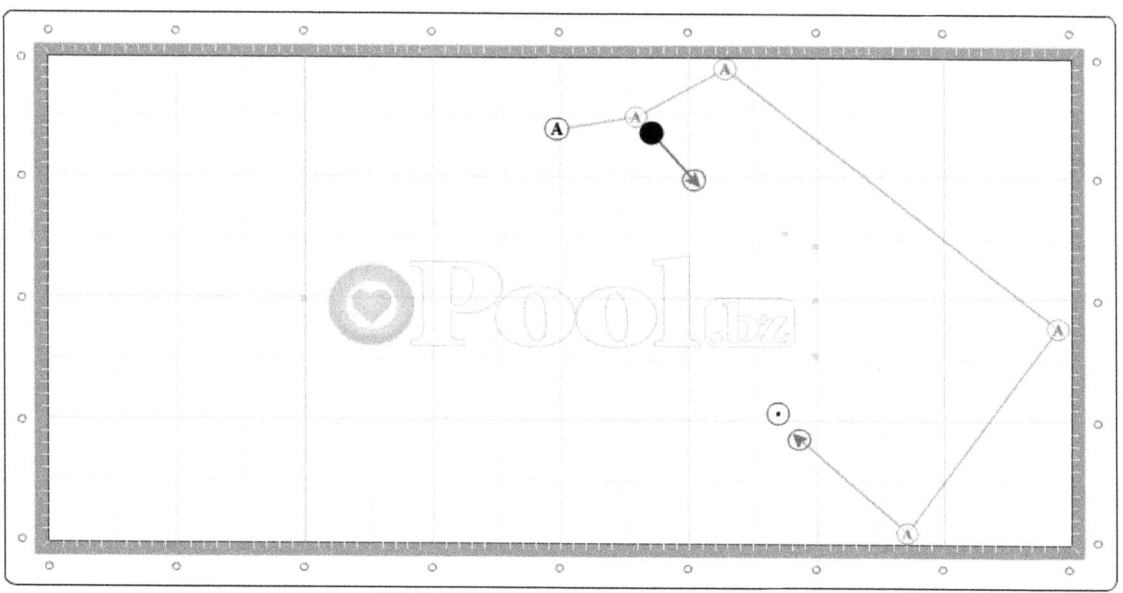

A: Groep 8

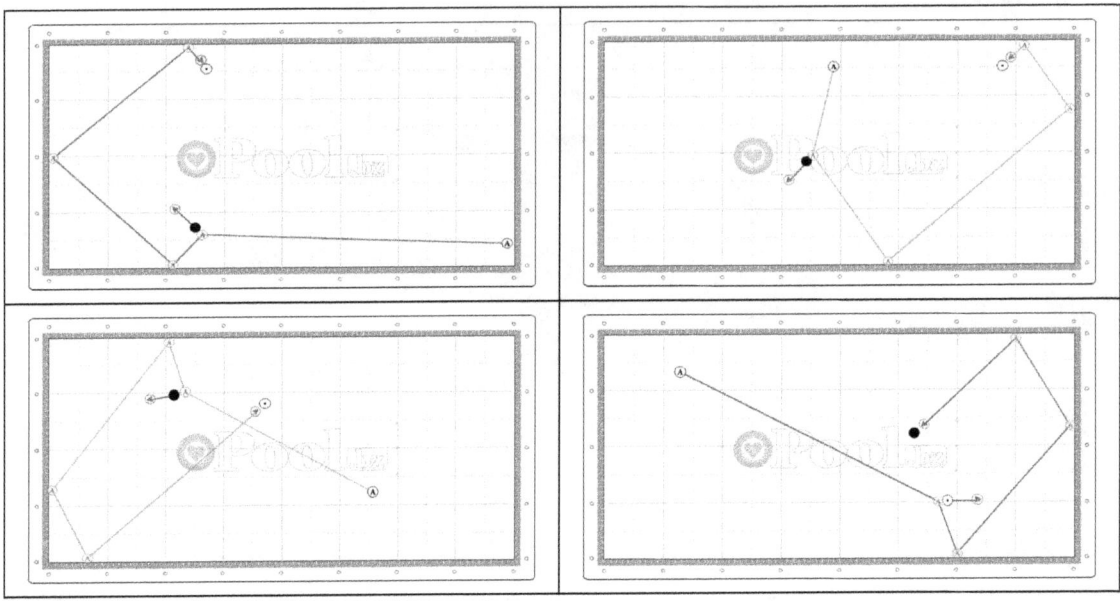

Analyse:

A:8a. _____

A:8b. _____

A:8c. _____

A:8d. _____

A:8a – Opstelling

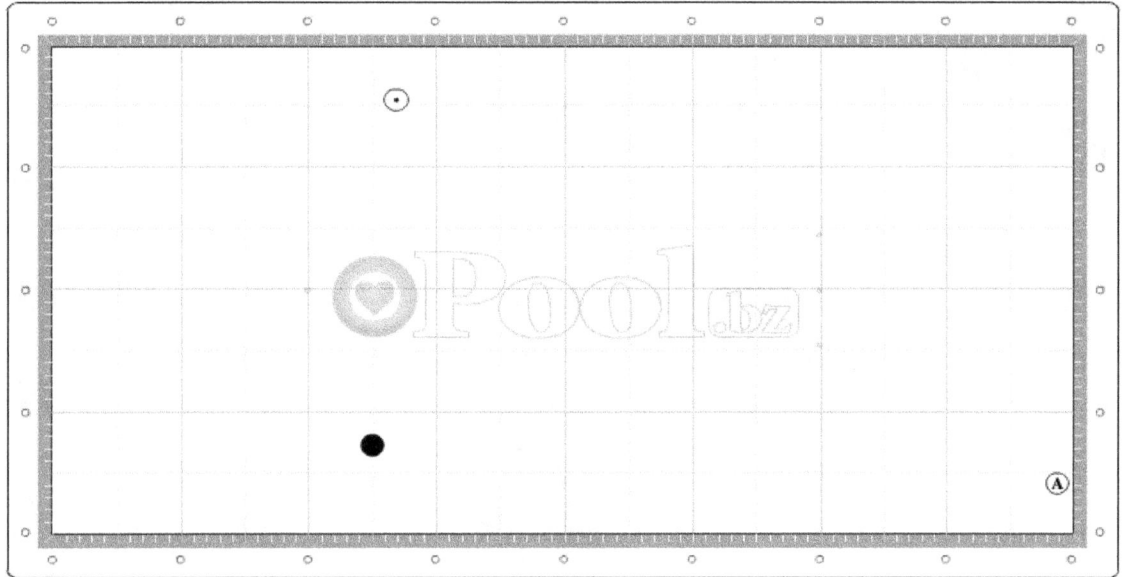

Opmerkingen en ideeën:

Schotpatroon

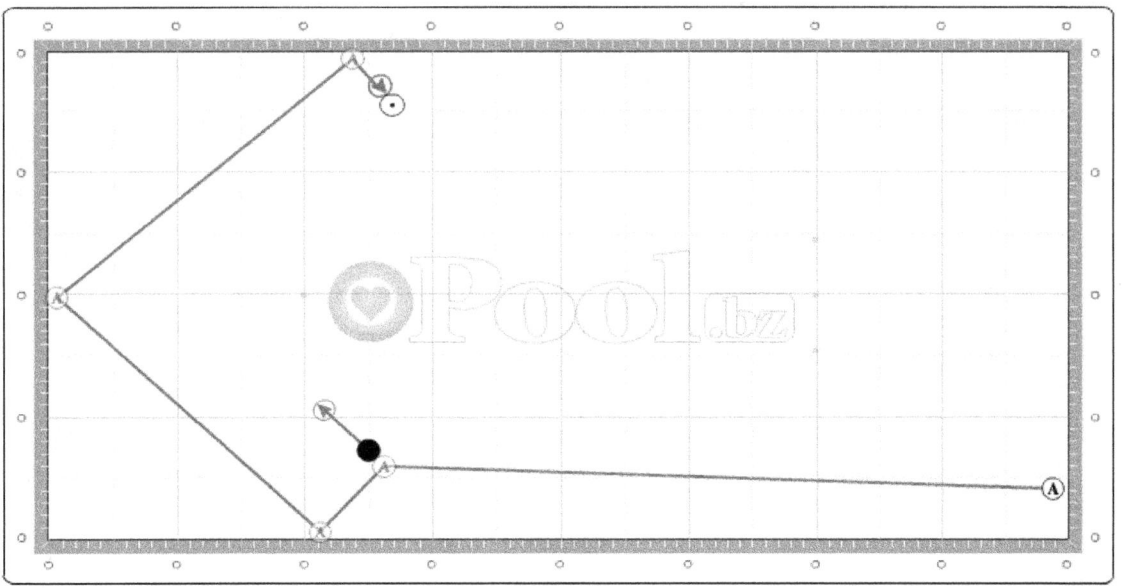

A:8b – Opstelling

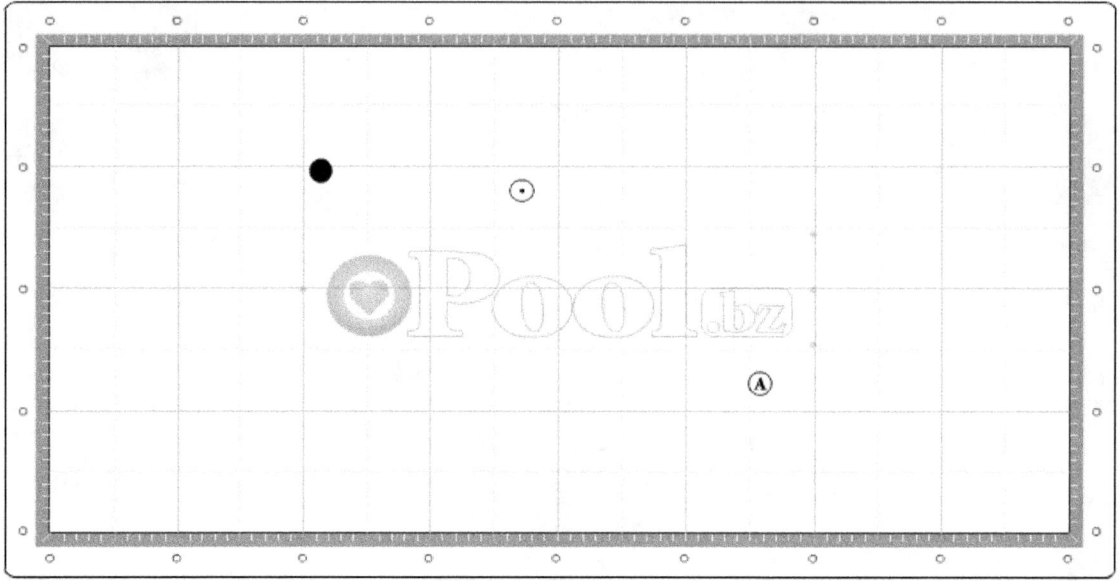

Opmerkingen en ideeën:

Schotpatroon

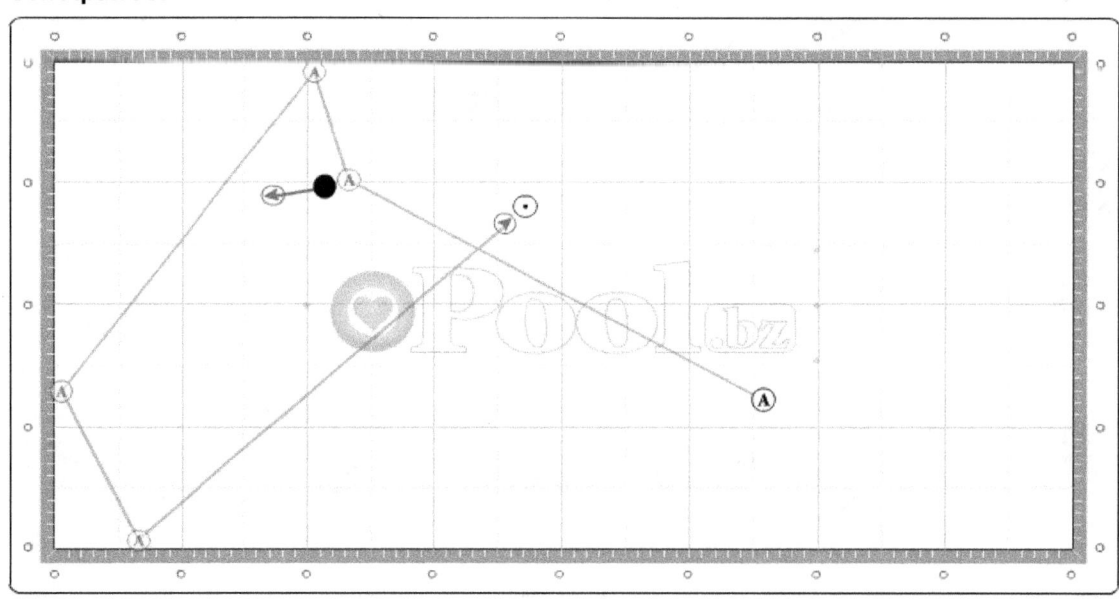

A:8c – Opstelling

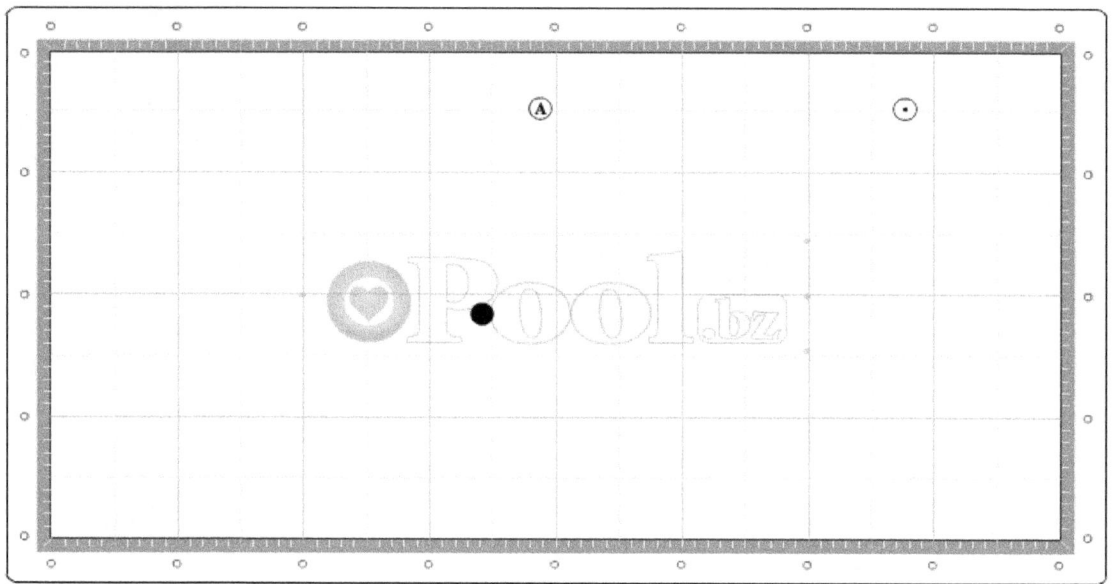

Opmerkingen en ideeën:

Schotpatroon

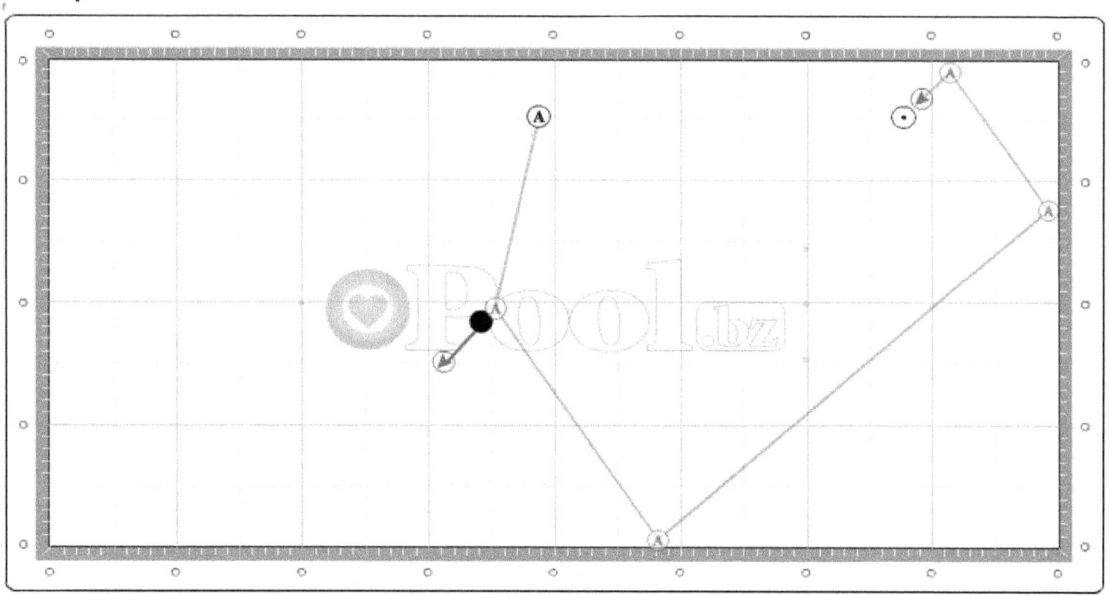

A:8d – Opstelling

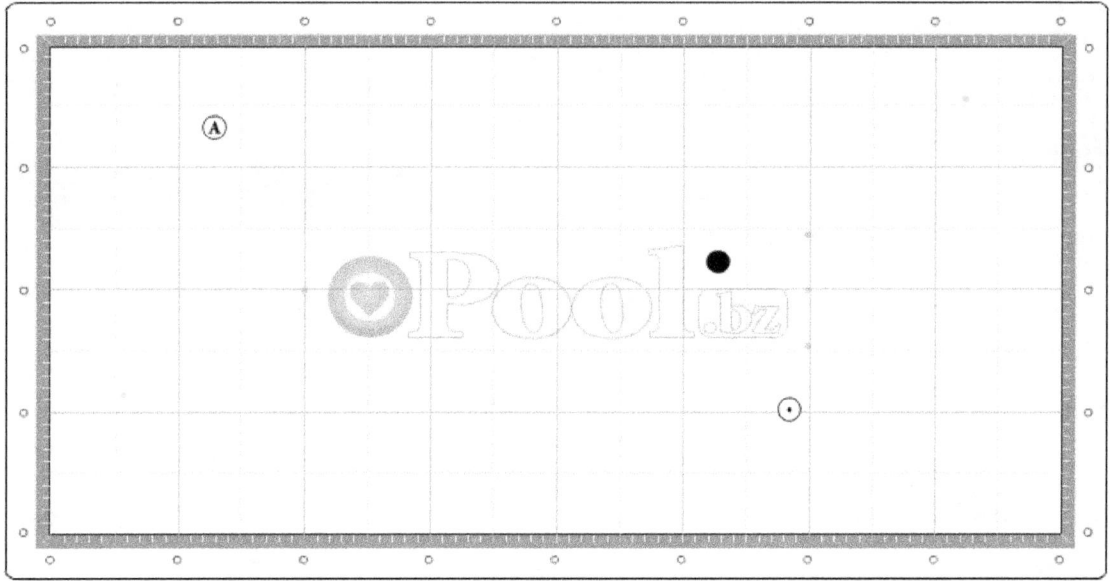

Opmerkingen en ideeën:

Schotpatroon

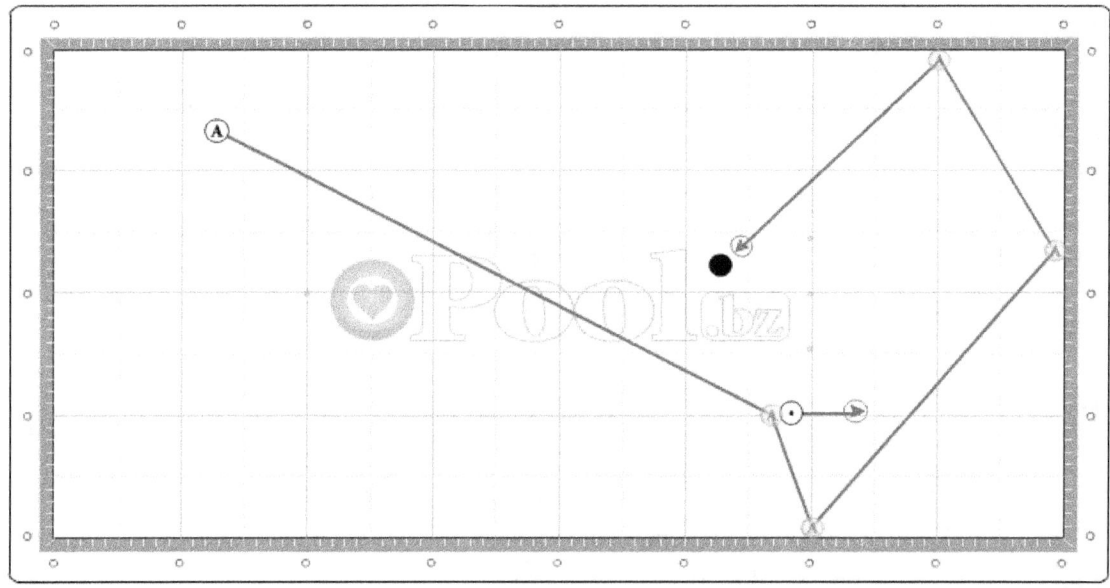

B: Uit een klein hoekje

De (CB) komt van de eerste (OB) in het lange biljartbanden. Het komt van het lange biljartbanden en in de hoek voor de volgende twee biljartbanden. Wanneer de (CB) uit de hoek komt, neemt deze contact op met de tweede (OB).

Ⓐ (CB) (uw biljartbal) – ☉ (OB) (tegenstander biljartbal) – ● (OB) (rode biljartbal)

B: Groep 1

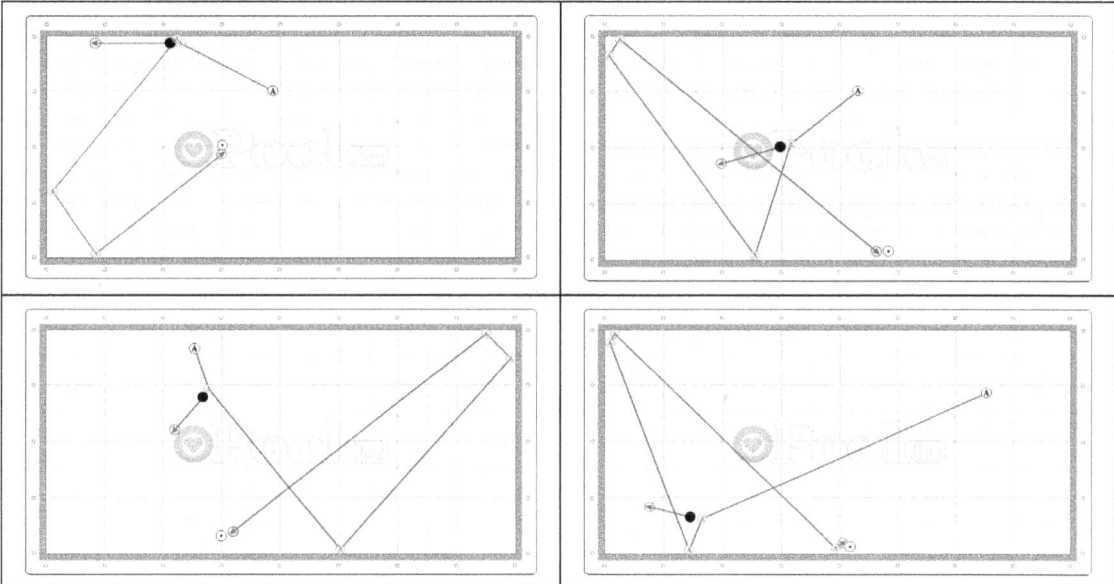

Analyse:

B:1a. _____

B:1b. _____

B:1c. _____

B:1d. _____

43

B:1a – Opstelling

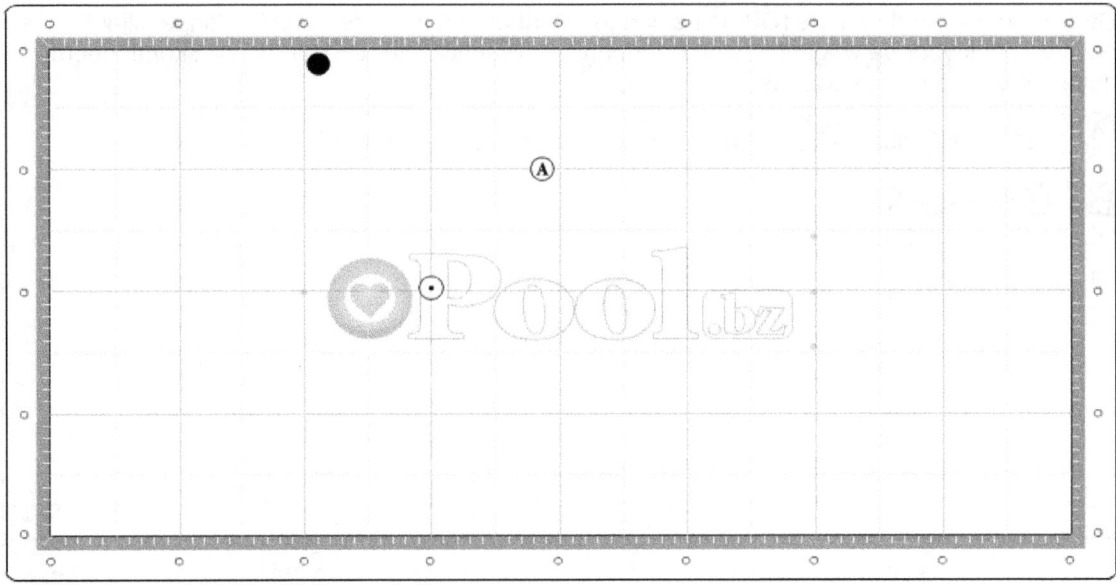

Opmerkingen en ideeën:

Schotpatroon

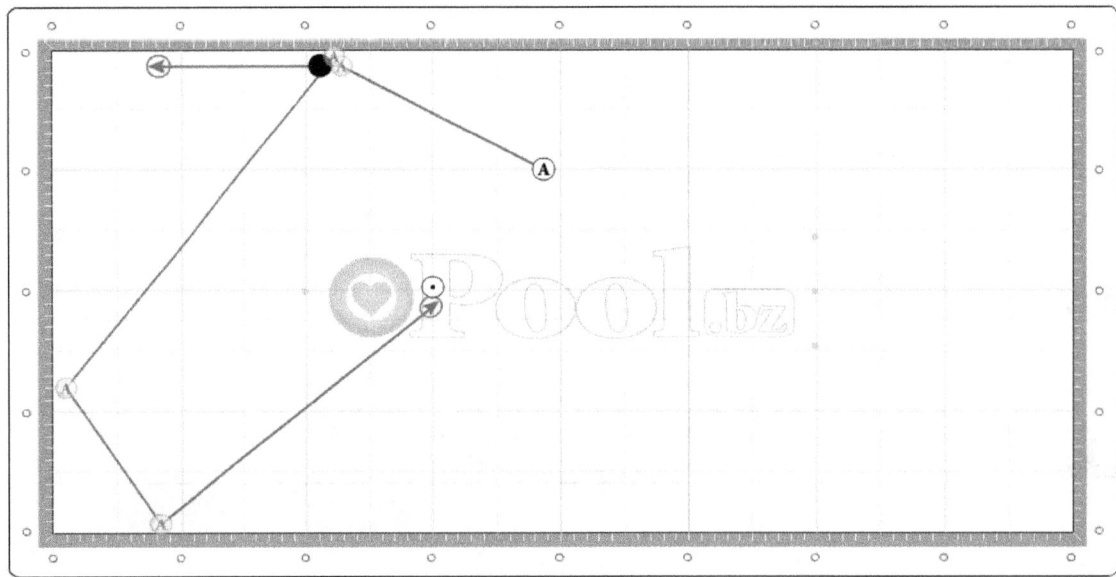

B:1b – Opstelling

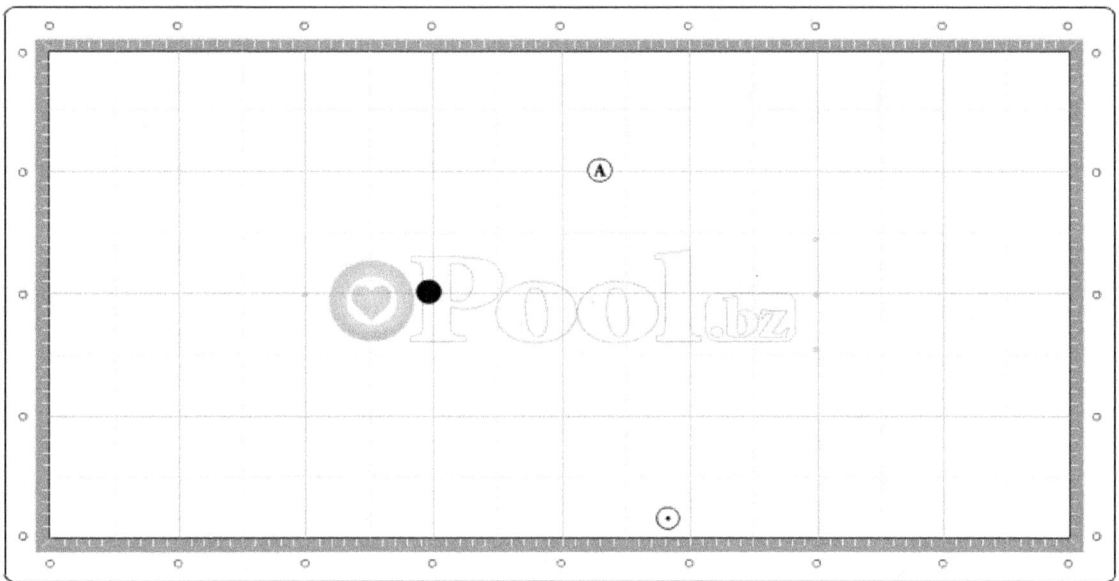

Opmerkingen en ideeën:

Schotpatroon

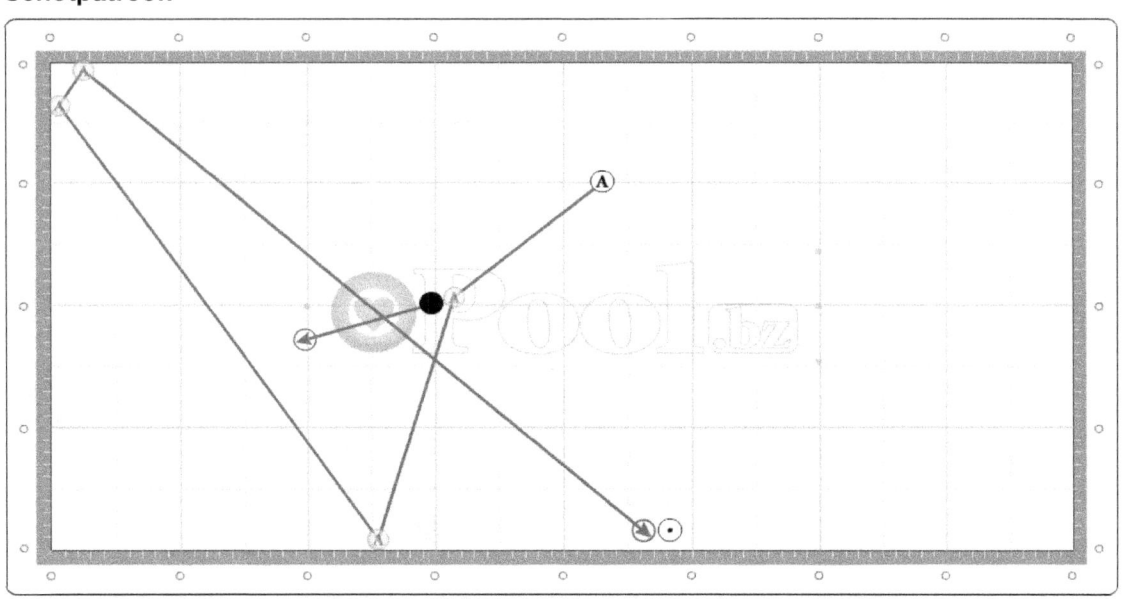

B:1c – Opstelling

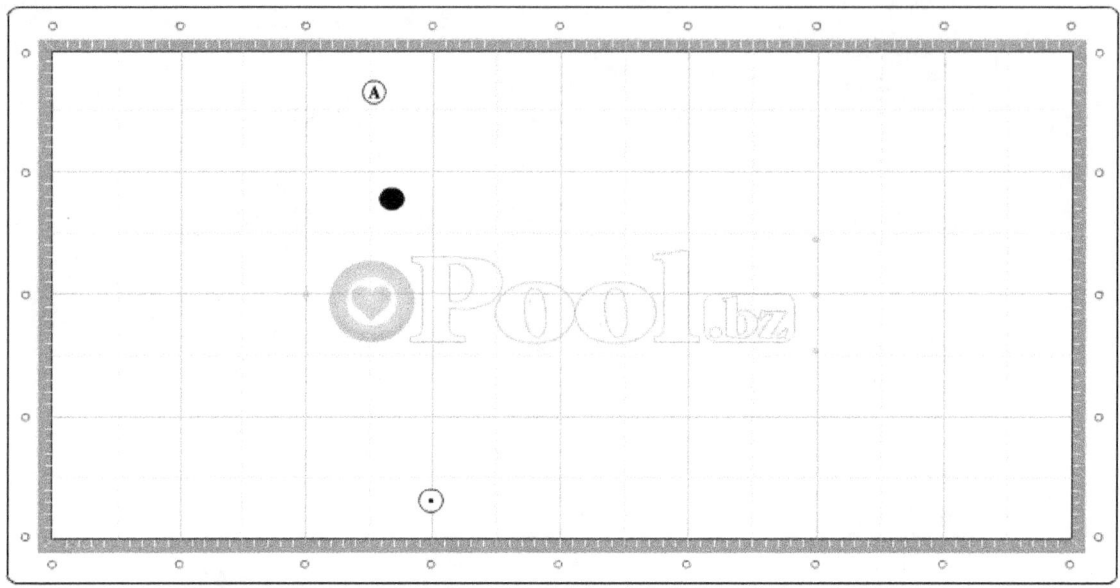

Opmerkingen en ideeën:

Schotpatroon

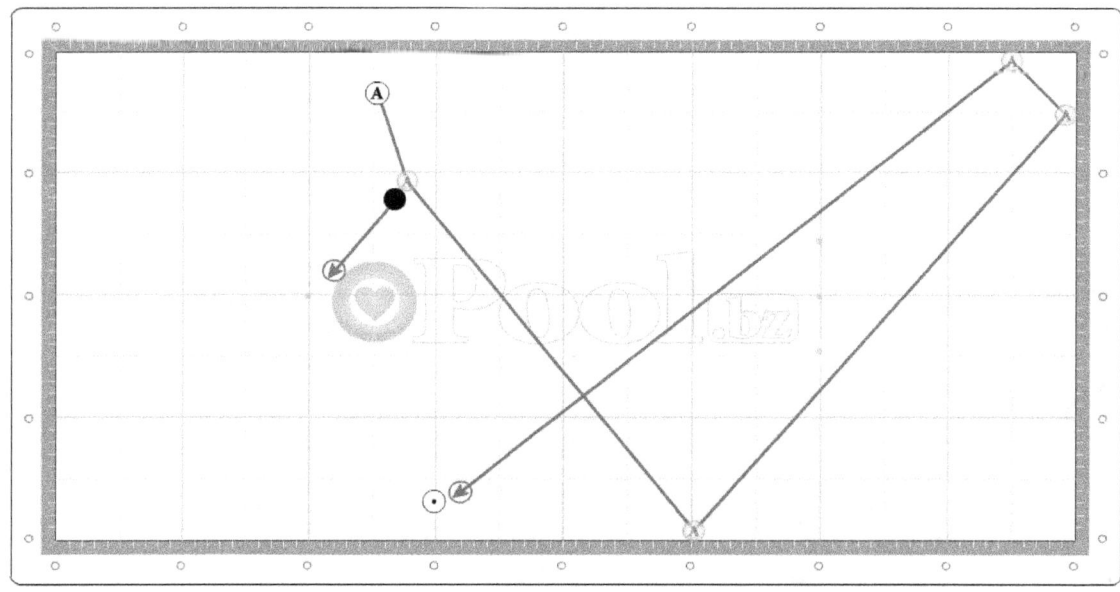

B:1d – Opstelling

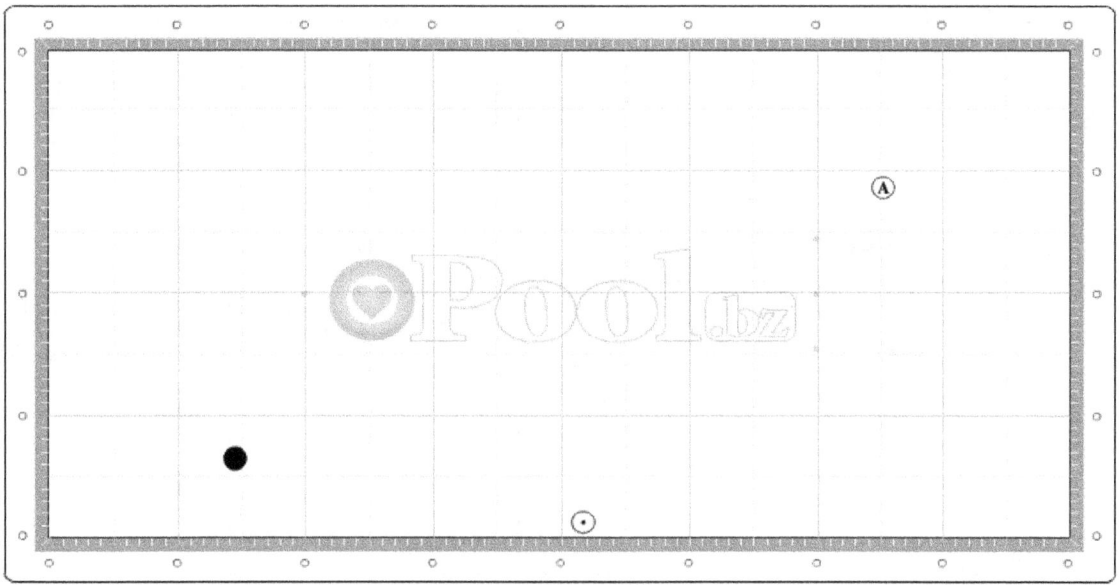

Opmerkingen en ideeën:

Schotpatroon

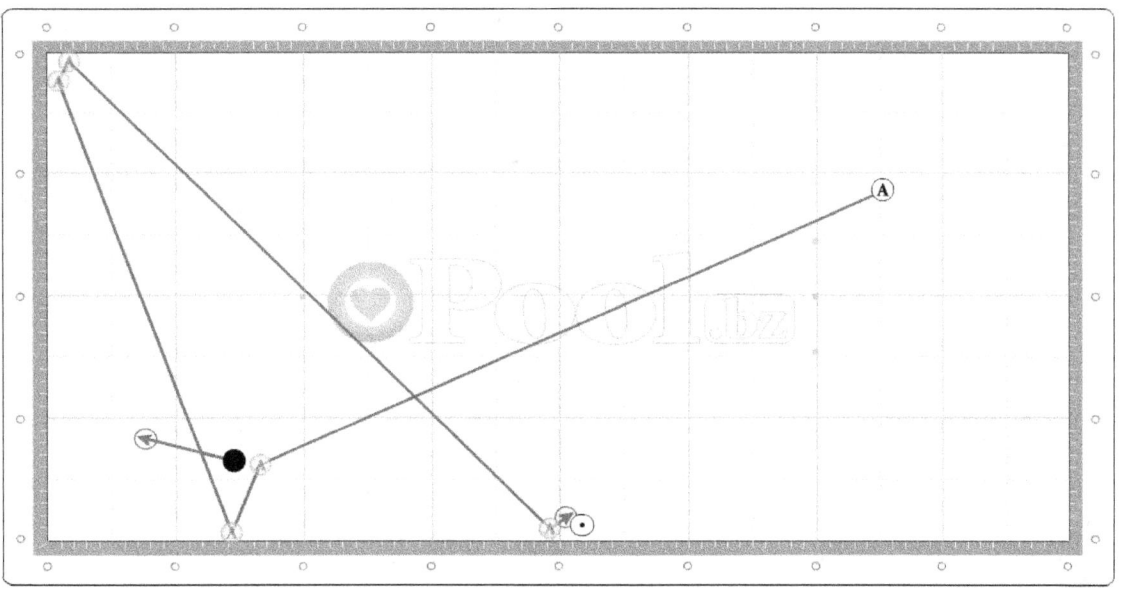

B: Groep 2

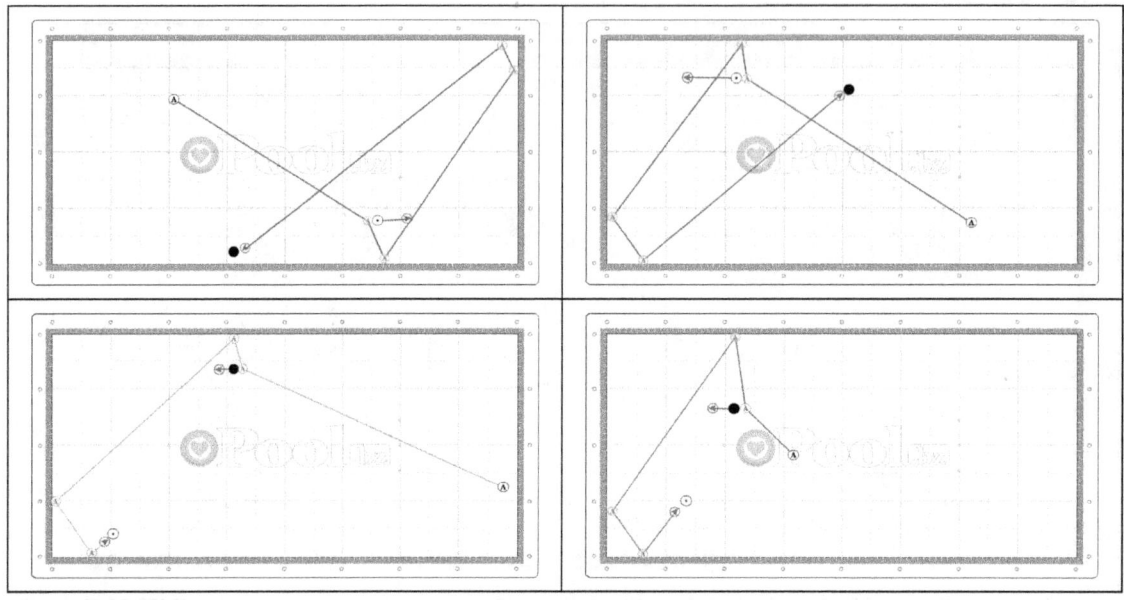

Analyse:

B:2a. _____

B:2b. _____

B:2c. _____

B:2d. _____

B:2a – Opstelling

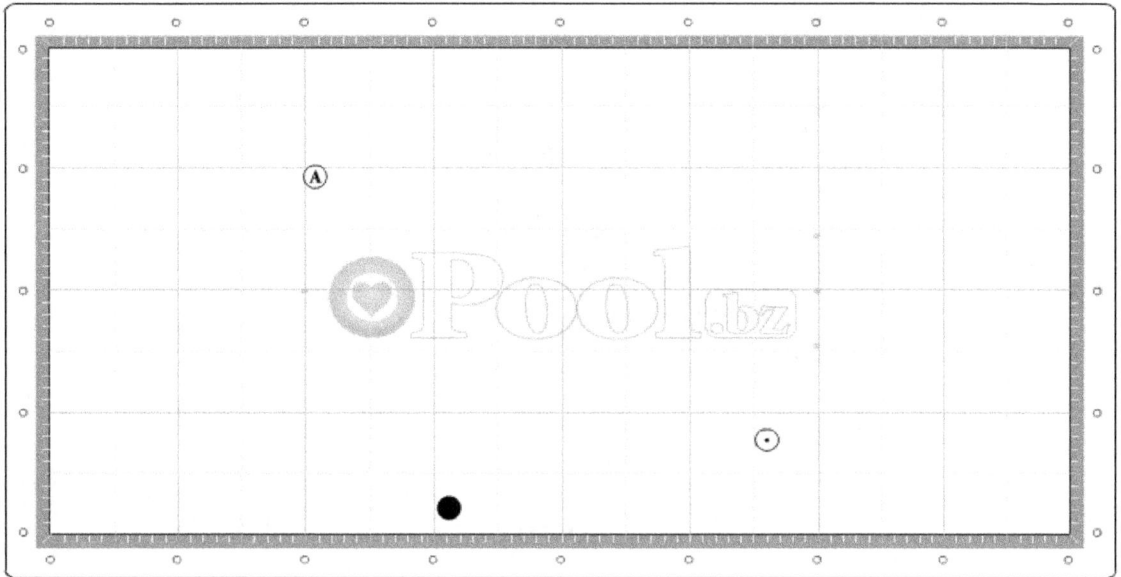

Opmerkingen en ideeën:

Schotpatroon

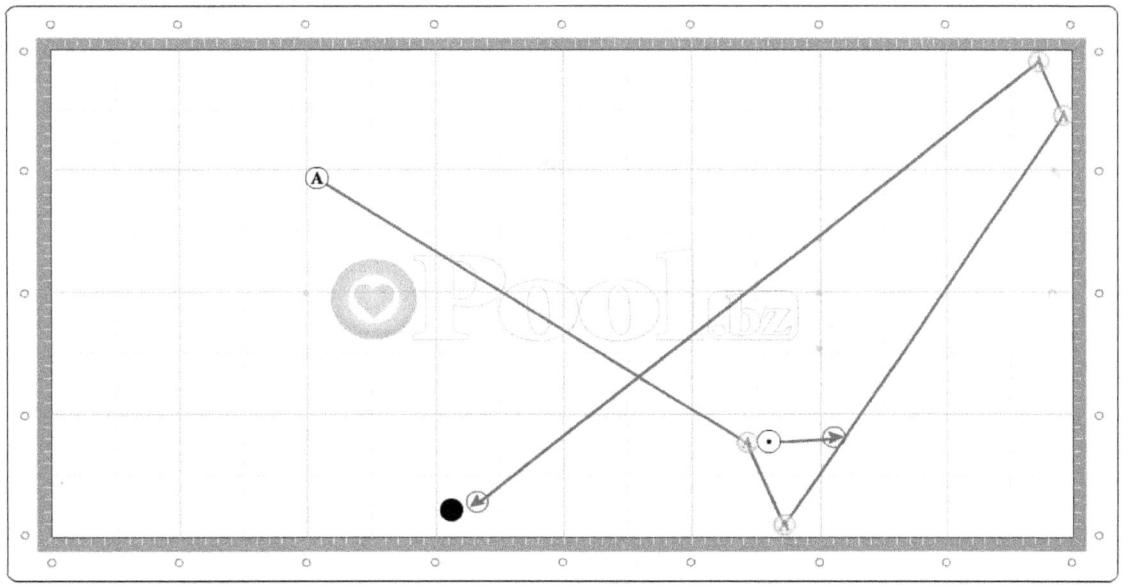

B:2b – Opstelling

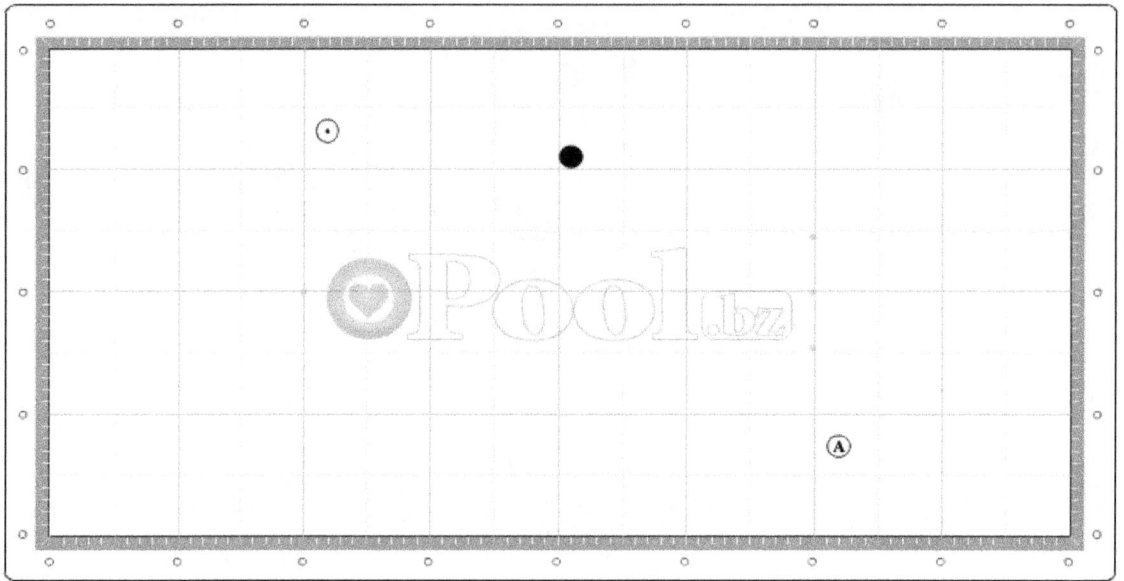

Opmerkingen en ideeën:

Schotpatroon

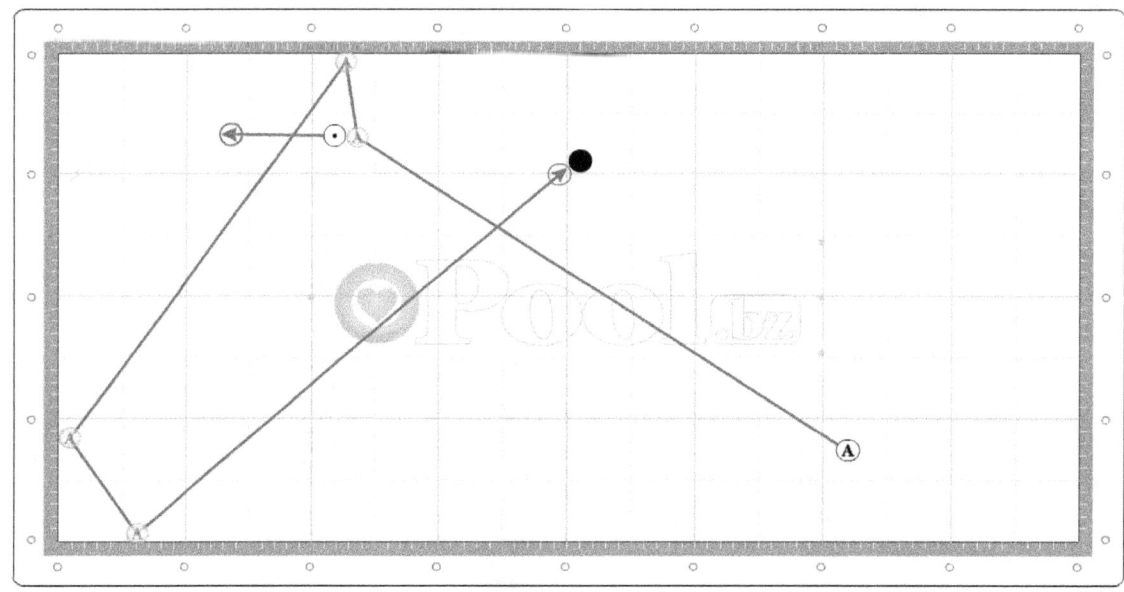

B:2c – Opstelling

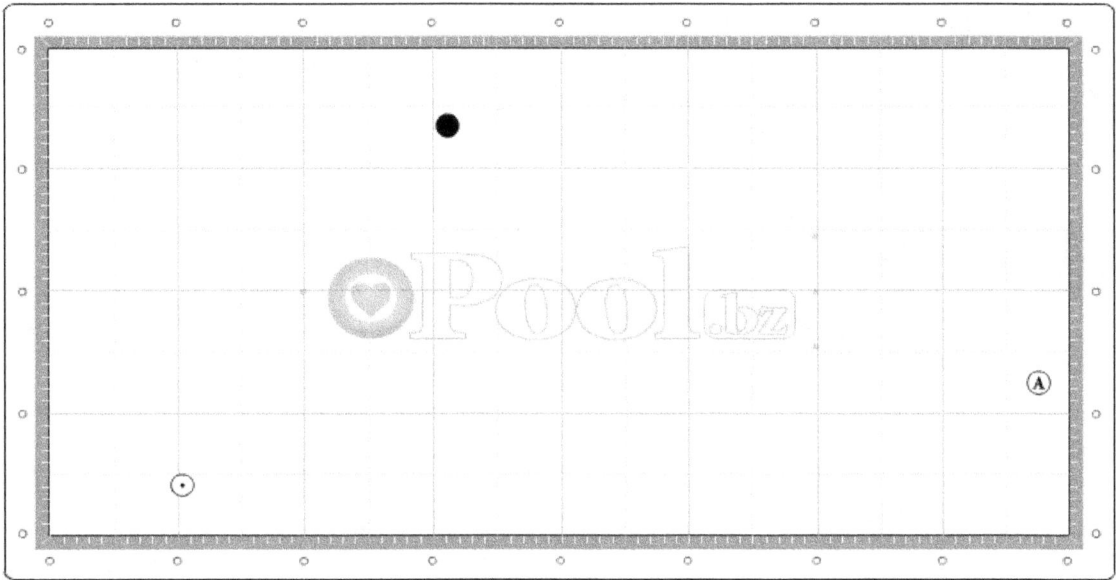

Opmerkingen en ideeën:

Schotpatroon

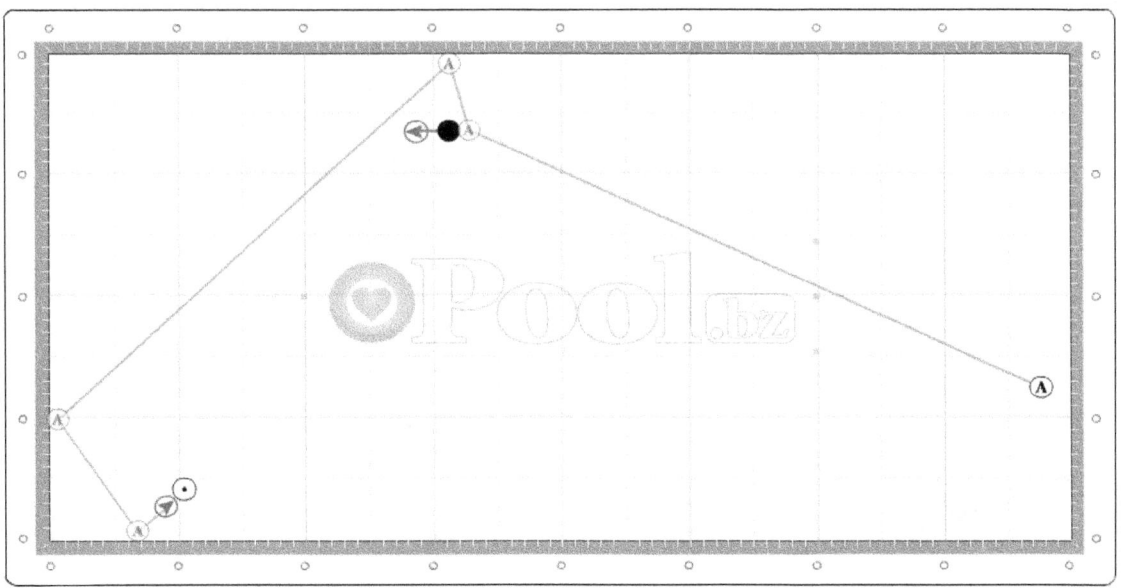

B:2d – Opstelling

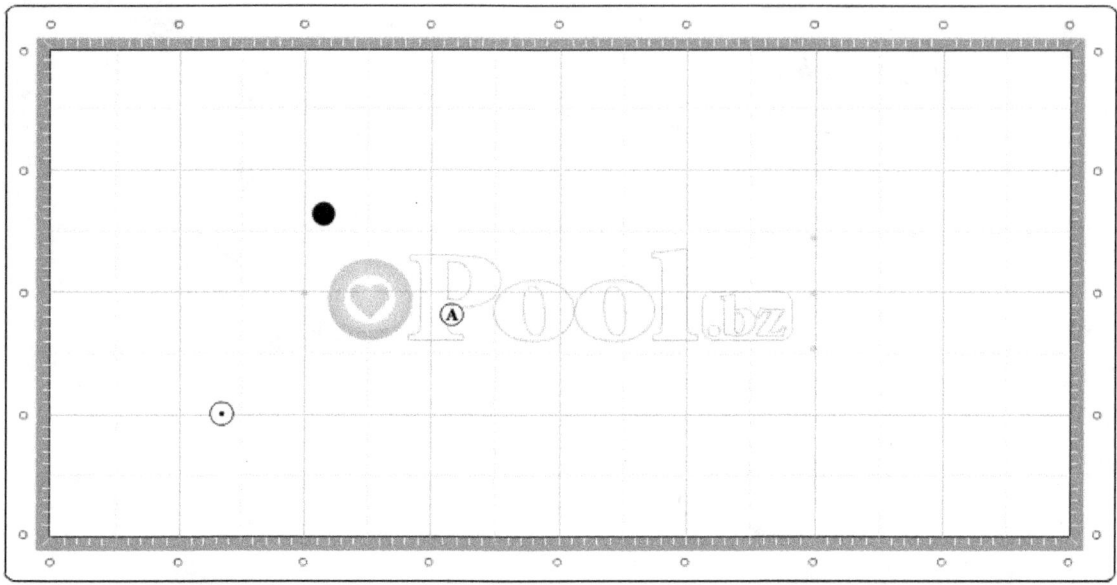

Opmerkingen en ideeën:

Schotpatroon

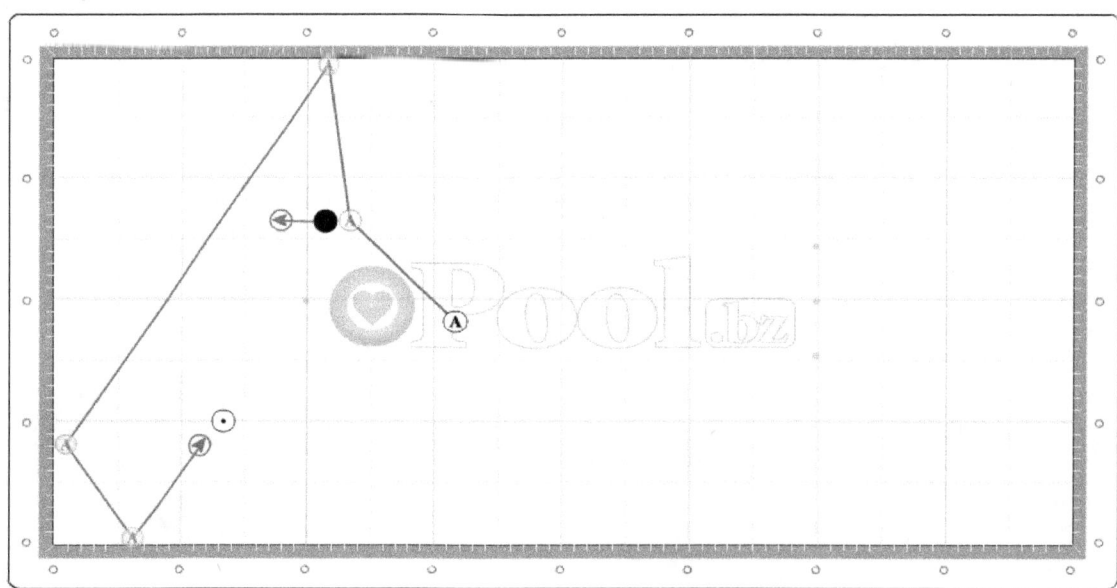

B: Groep 3

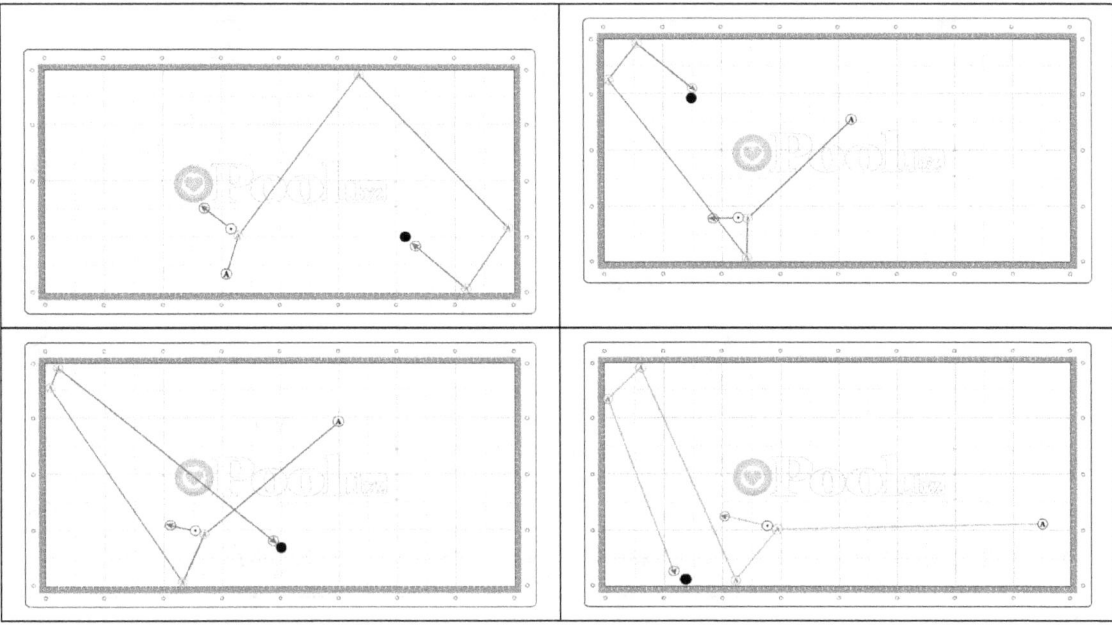

Analyse:

B:3a. _____

B:3b. _____

B:3c. _____

B:3d. _____

B:3a – Opstelling

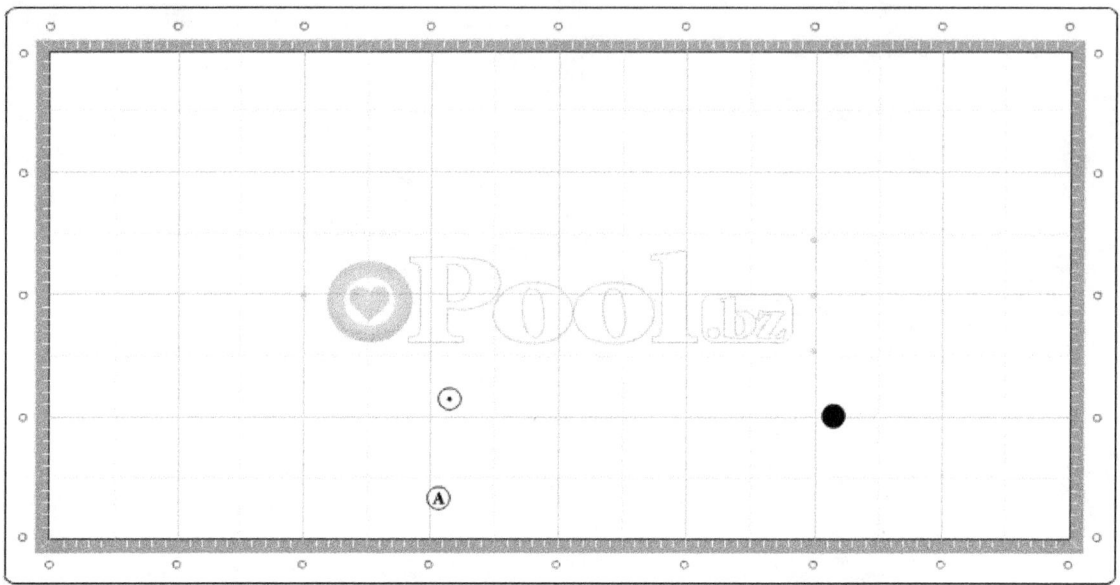

Opmerkingen en ideeën:

Schotpatroon

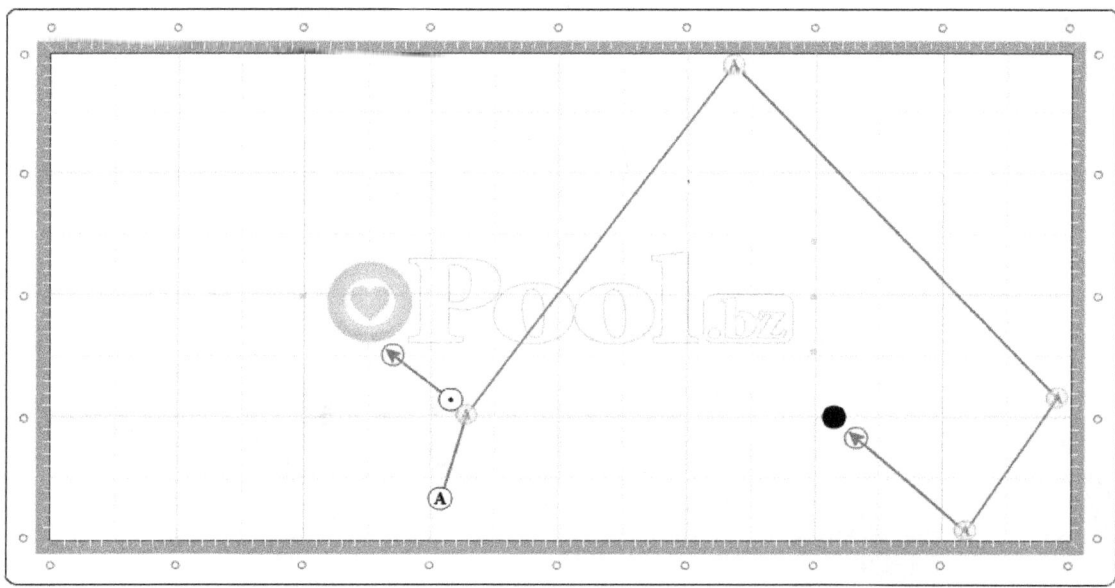

B:3b – Opstelling

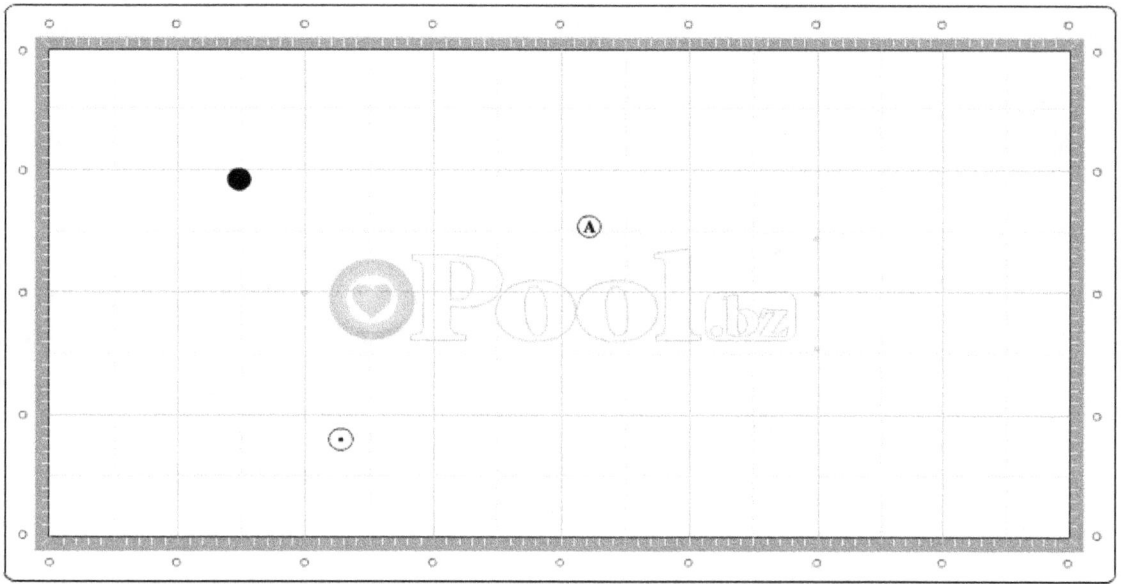

Opmerkingen en ideeën:

Schotpatroon

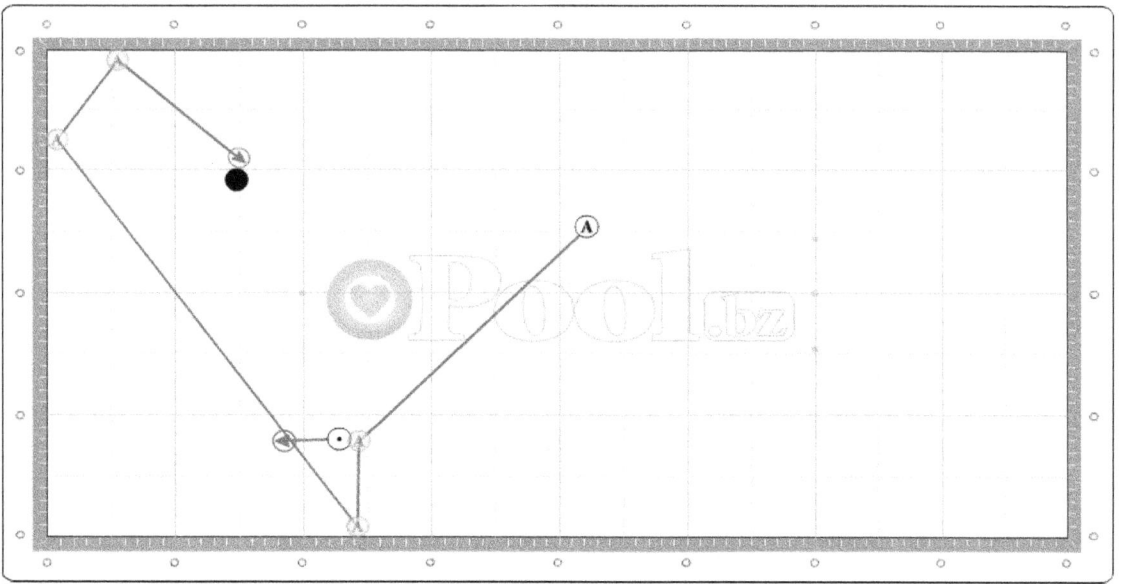

B:3c – Opstelling

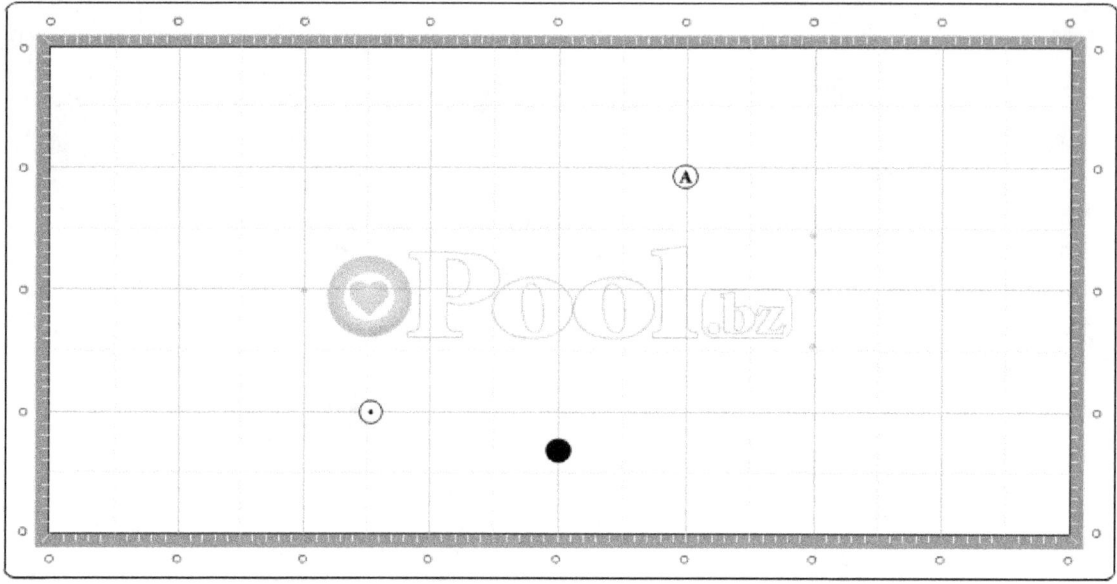

Opmerkingen en ideeën:

Schotpatroon

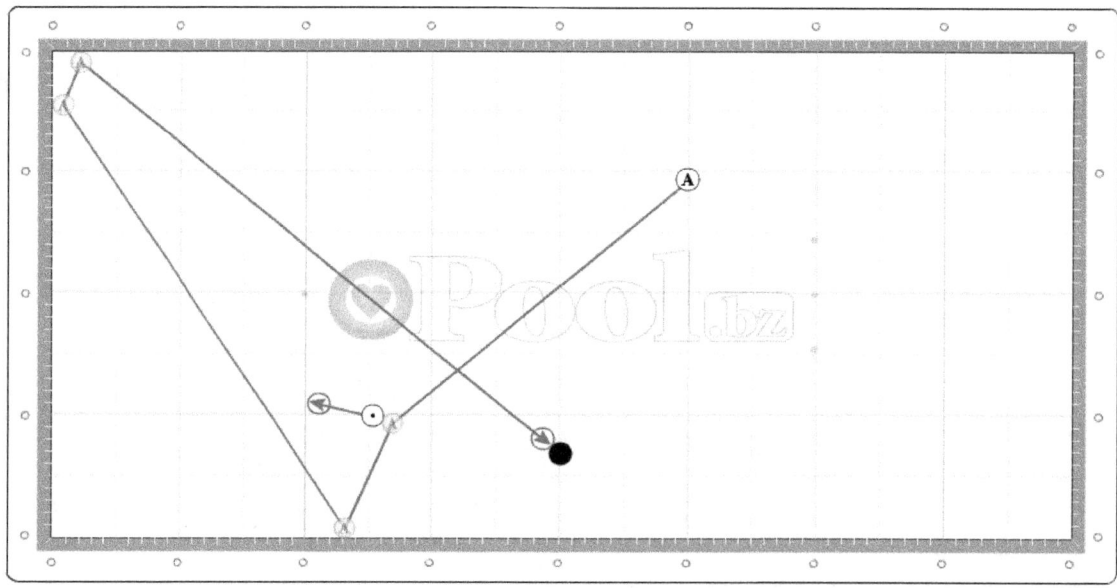

B:3d – Opstelling

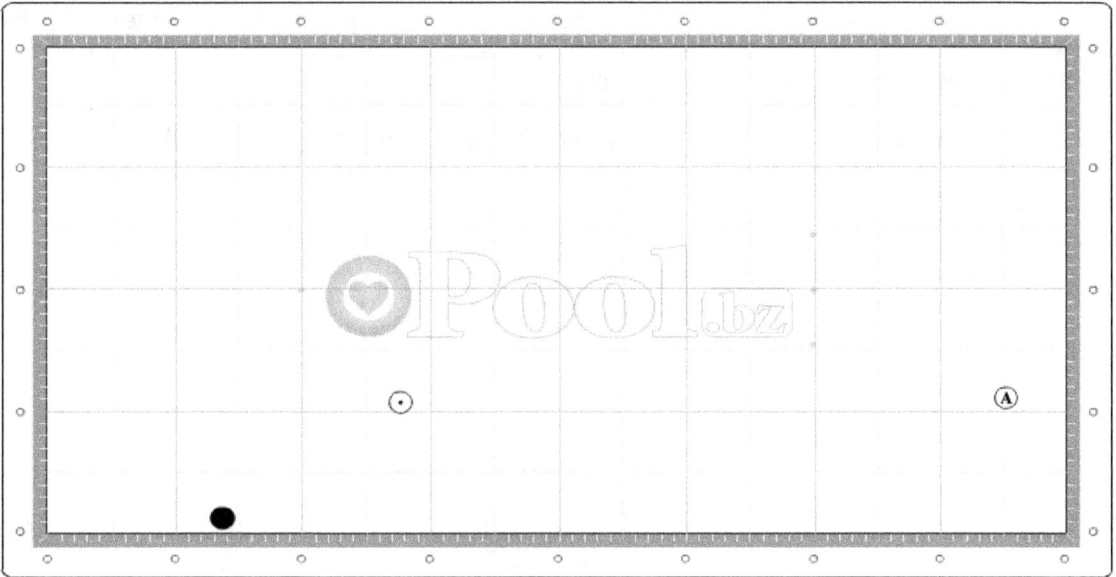

Opmerkingen en ideeën:

Schotpatroon

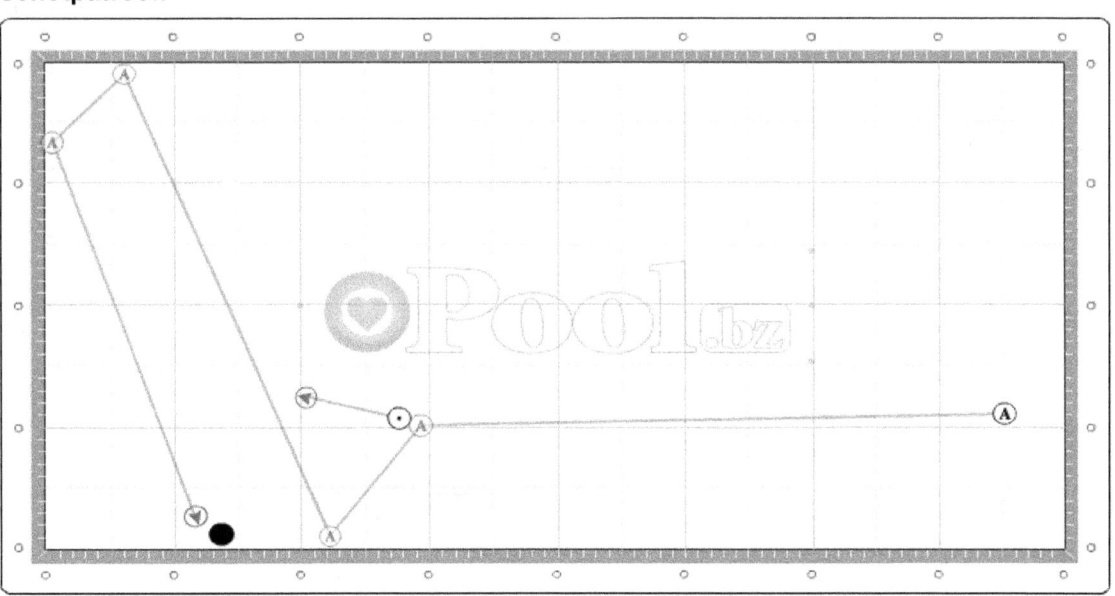

C: In een klein hoekje

De (CB) komt van de eerste (OB) in de hoek voor de eerste twee biljartbanden. Wanneer de (CB) uit de hoek komt, gaat deze naar het tegenoverliggende lange biljartbanden. De (CB) komt dan uit het lange biljartbanden en in de tweede (OB).

Ⓐ (CB) (uw biljartbal) – ⊙ (OB) (tegenstander biljartbal) – ● (OB) (rode biljartbal)

C: Groep 1

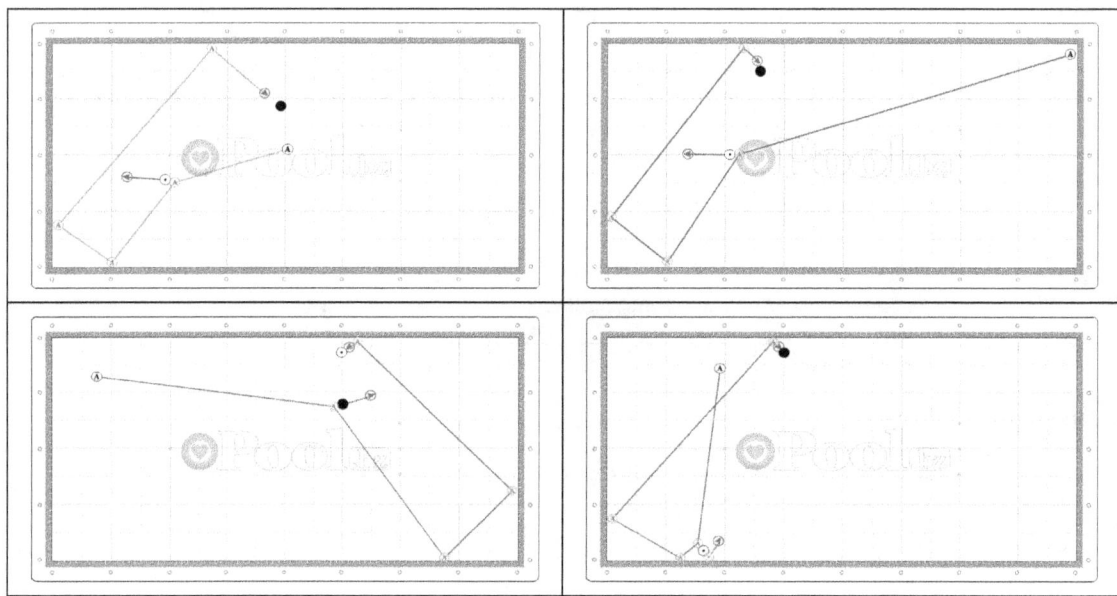

Analyse:

C:1a. _____

C:1b. _____

C:1c. _____

C:1d. _____

C:1a – Opstelling

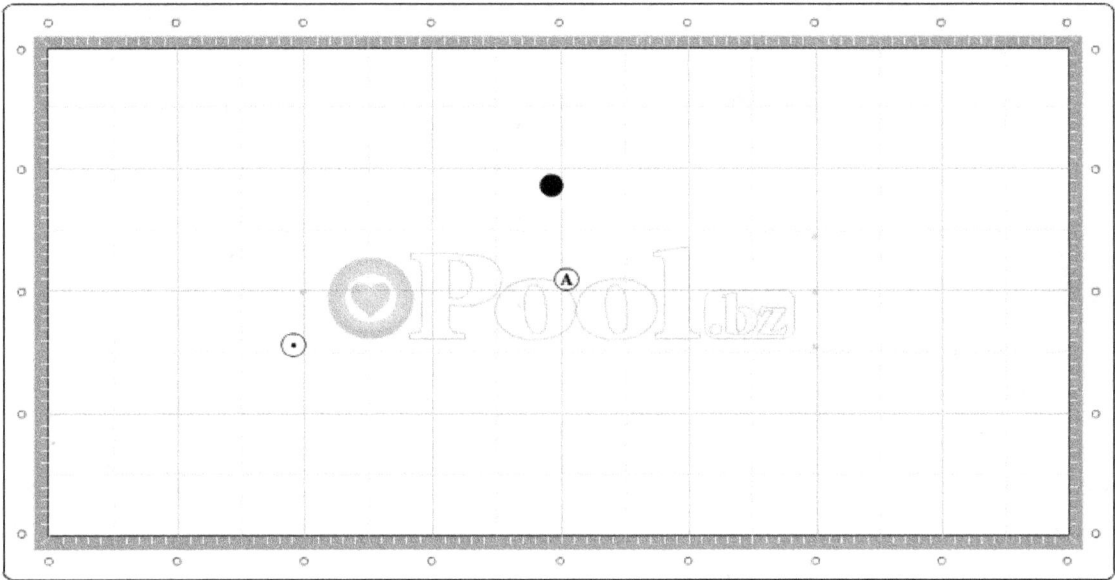

Opmerkingen en ideeën:

Schotpatroon

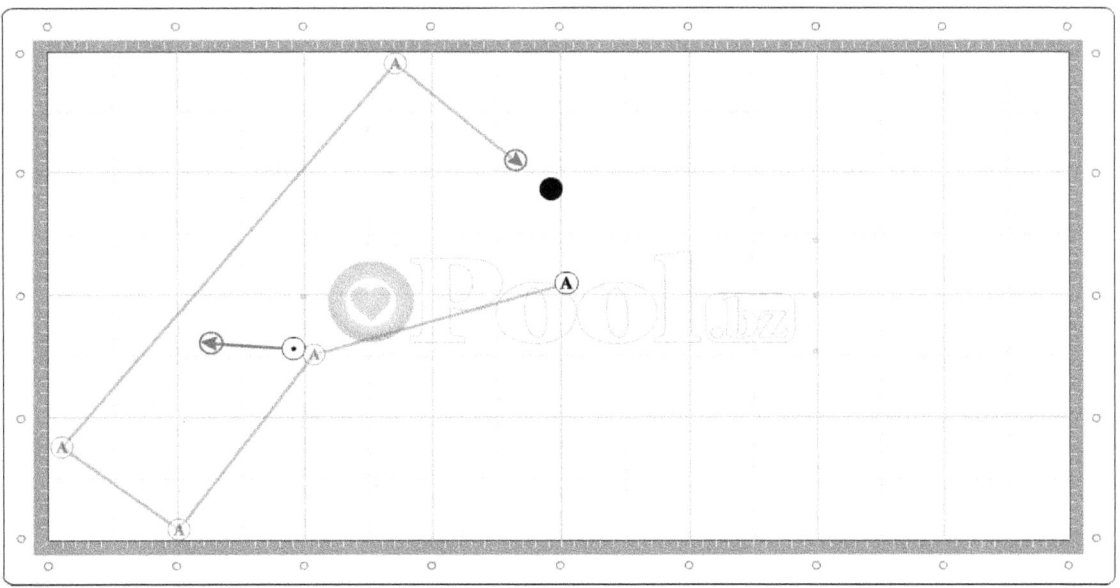

C:1b – Opstelling

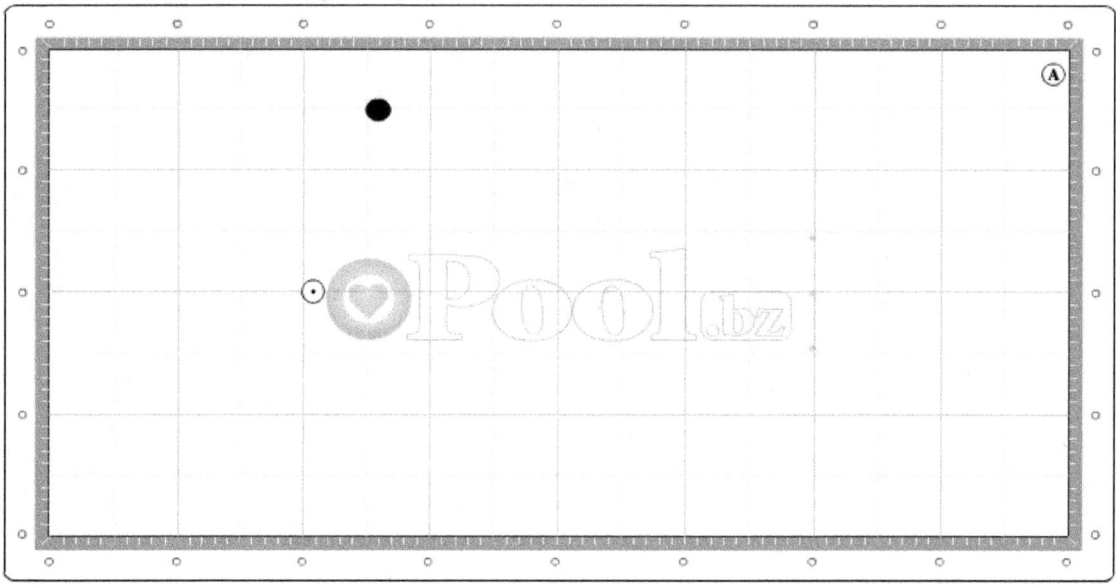

Opmerkingen en ideeën:

Schotpatroon

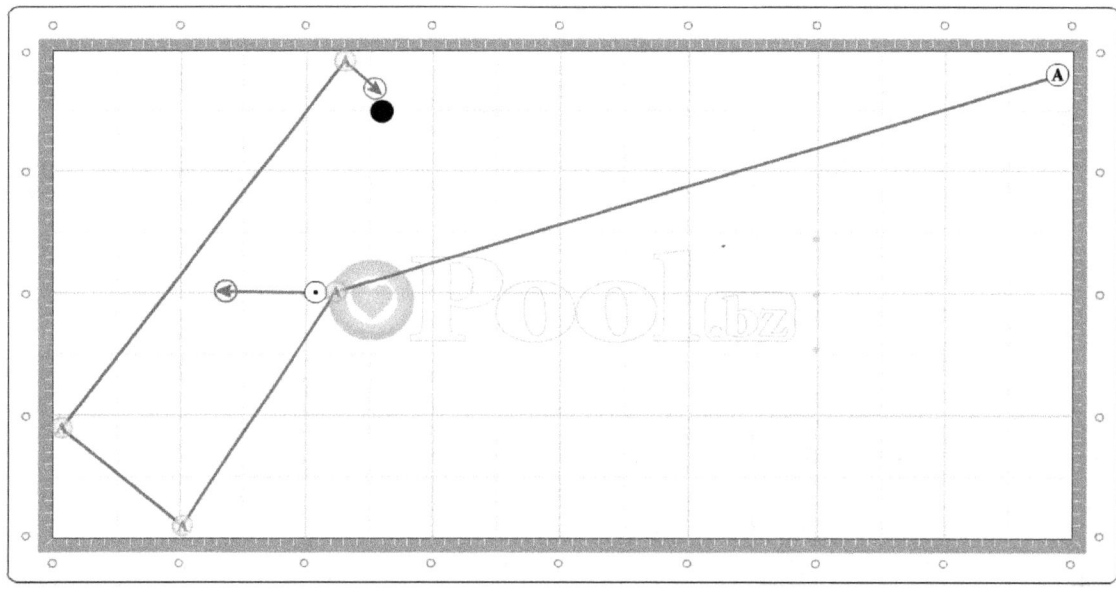

C:1c – Opstelling

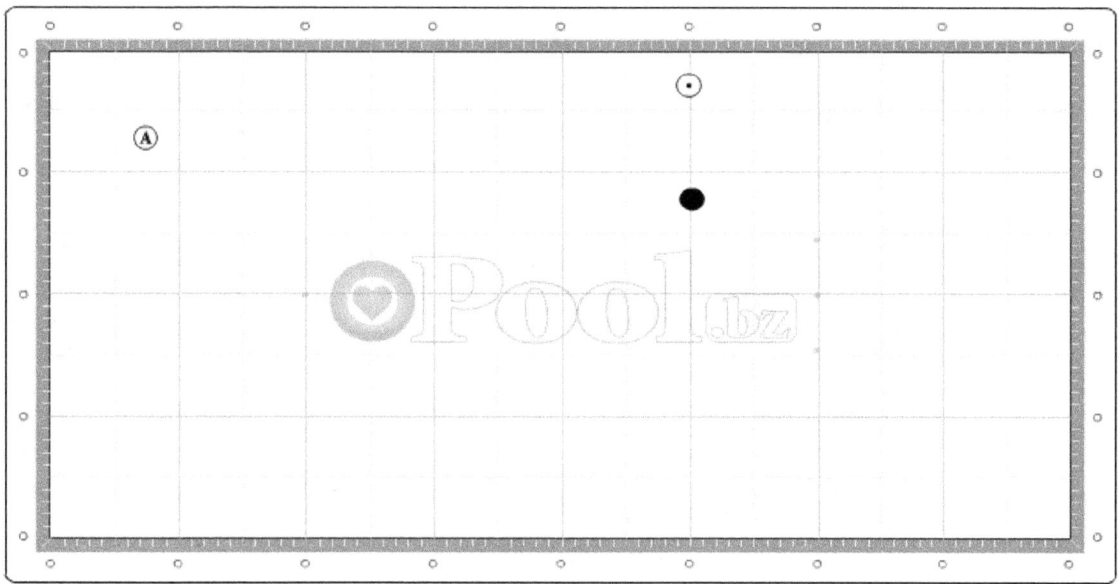

Opmerkingen en ideeën:

Schotpatroon

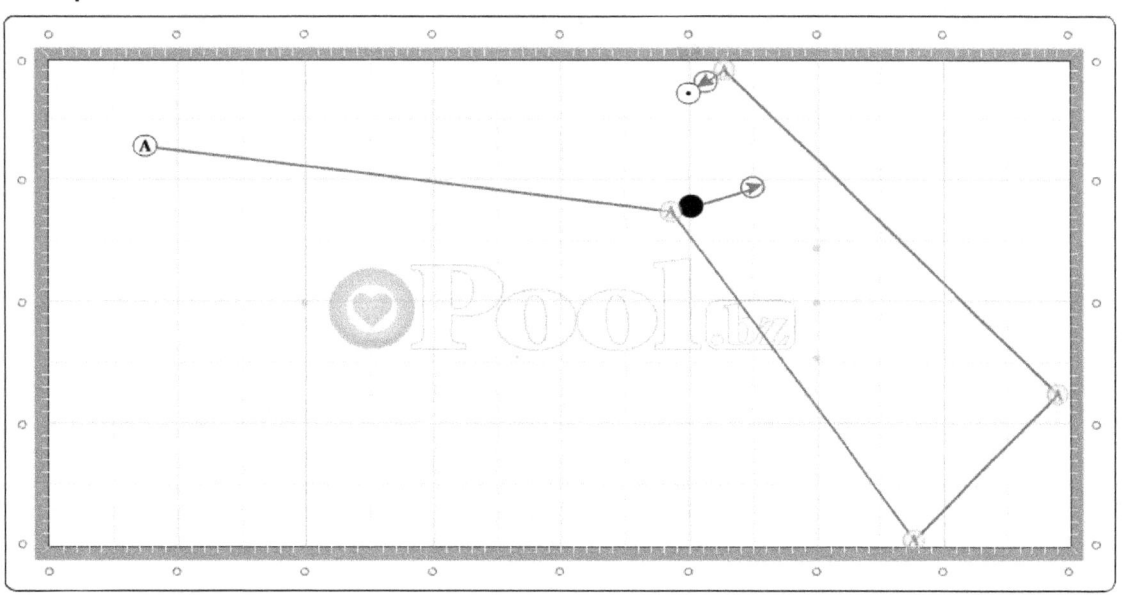

C:1d – Opstelling

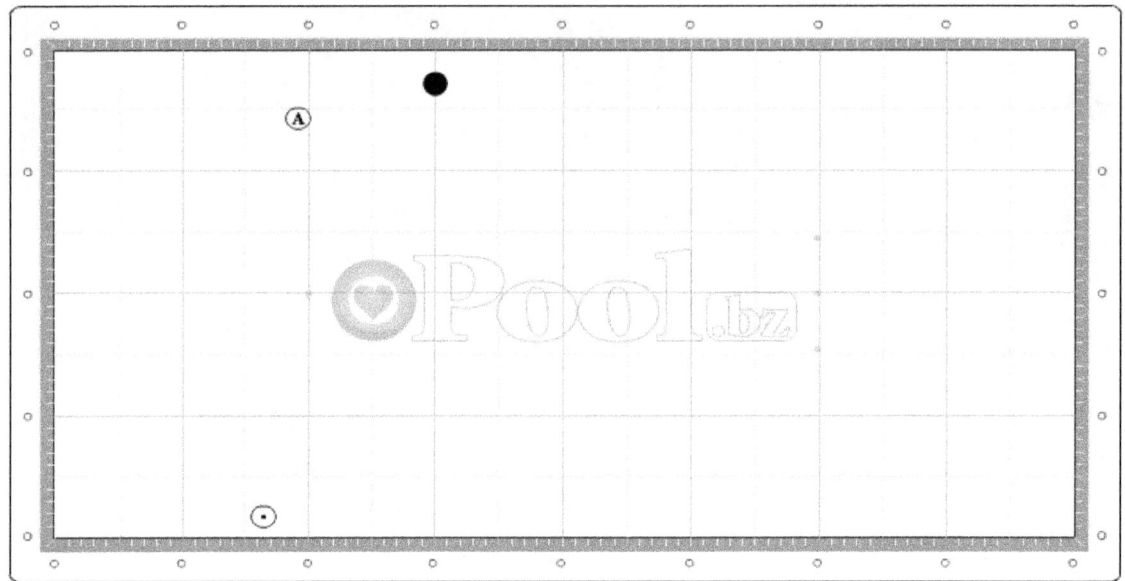

Opmerkingen en ideeën:

Schotpatroon

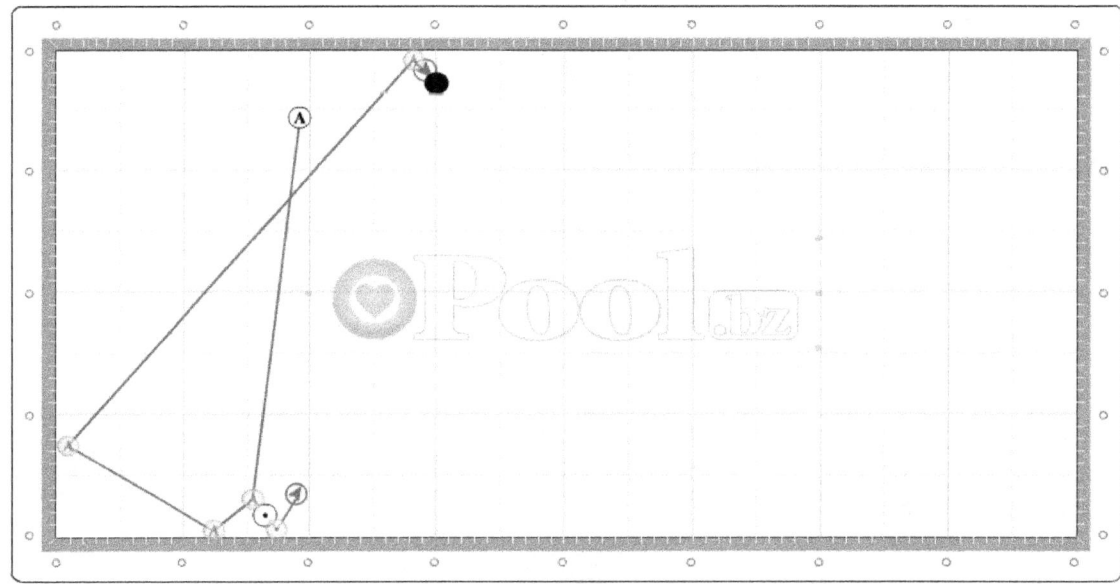

C: Groep 2

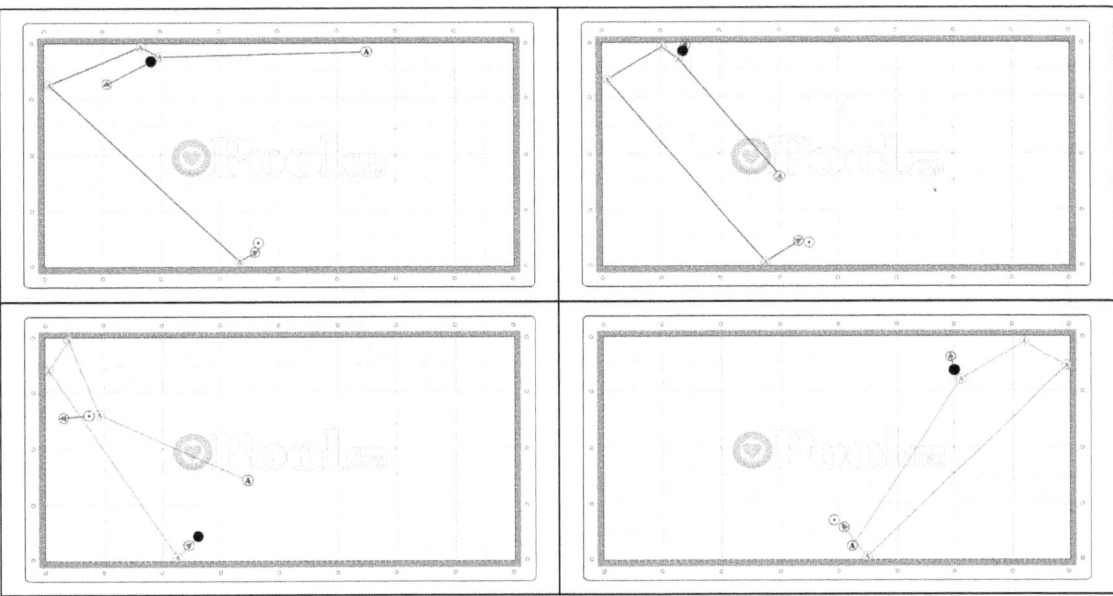

Analyse:

C:2a. _____

C:2b. _____

C:2c. _____

C:2d. _____

C:2a – Opstelling

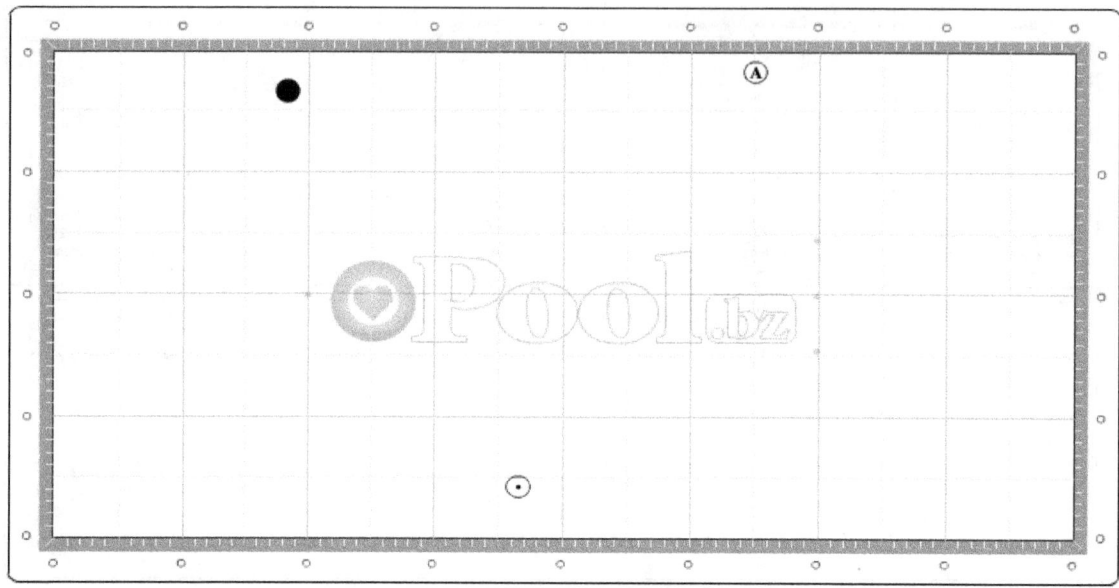

Opmerkingen en ideeën:

Schotpatroon

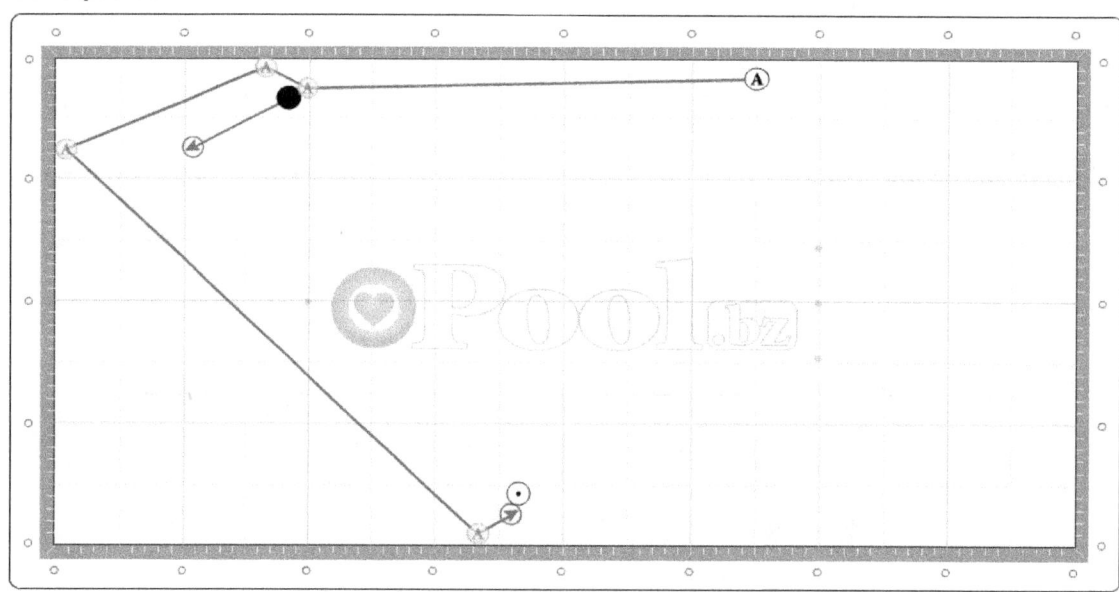

C:2b – Opstelling

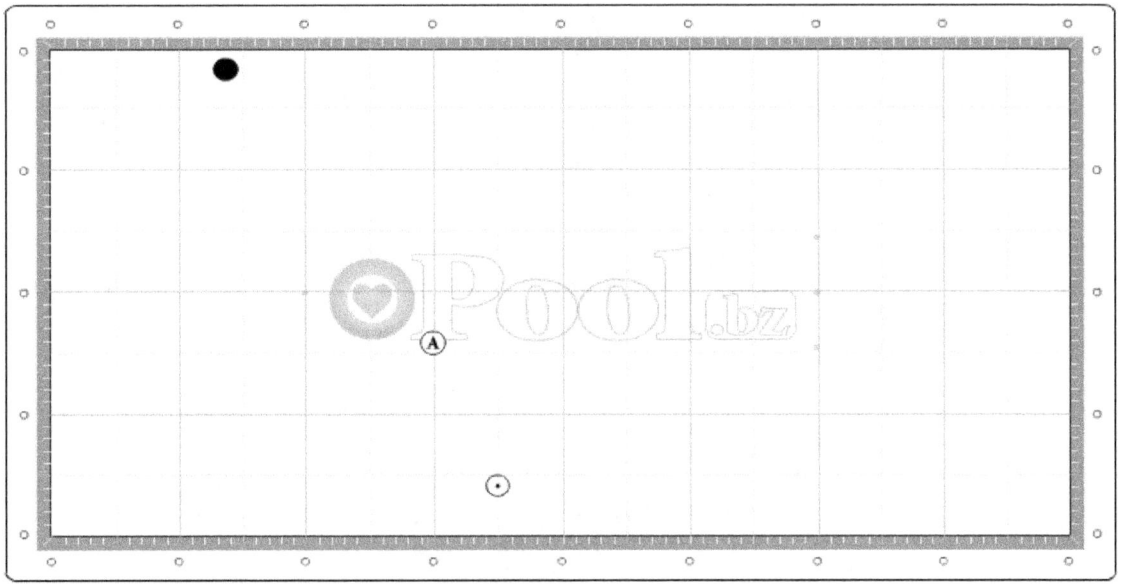

Opmerkingen en ideeën:

Schotpatroon

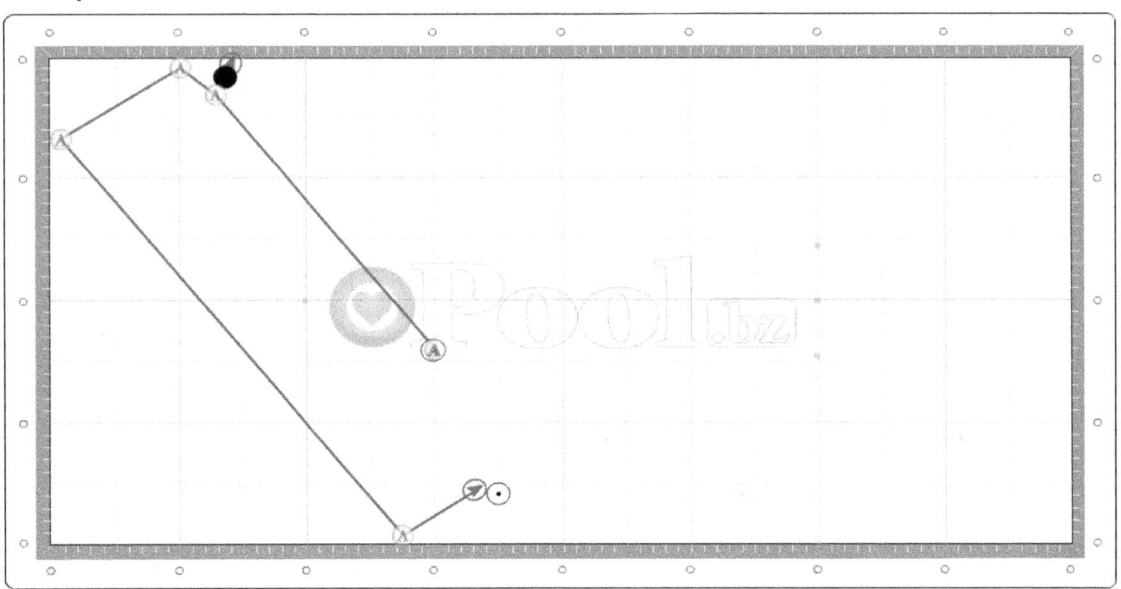

C:2c – Opstelling

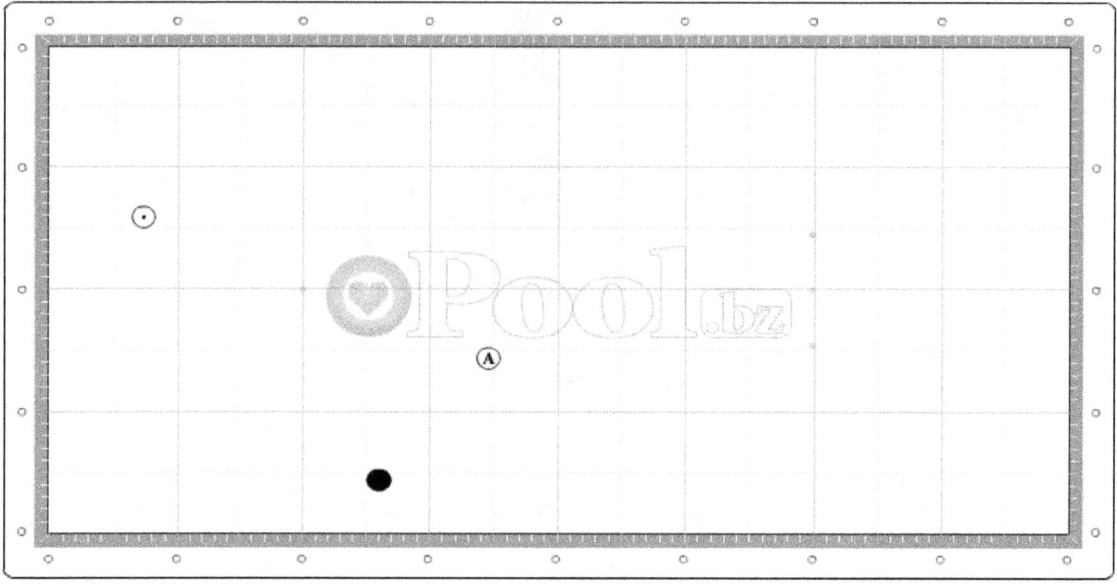

Opmerkingen en ideeën:

Schotpatroon

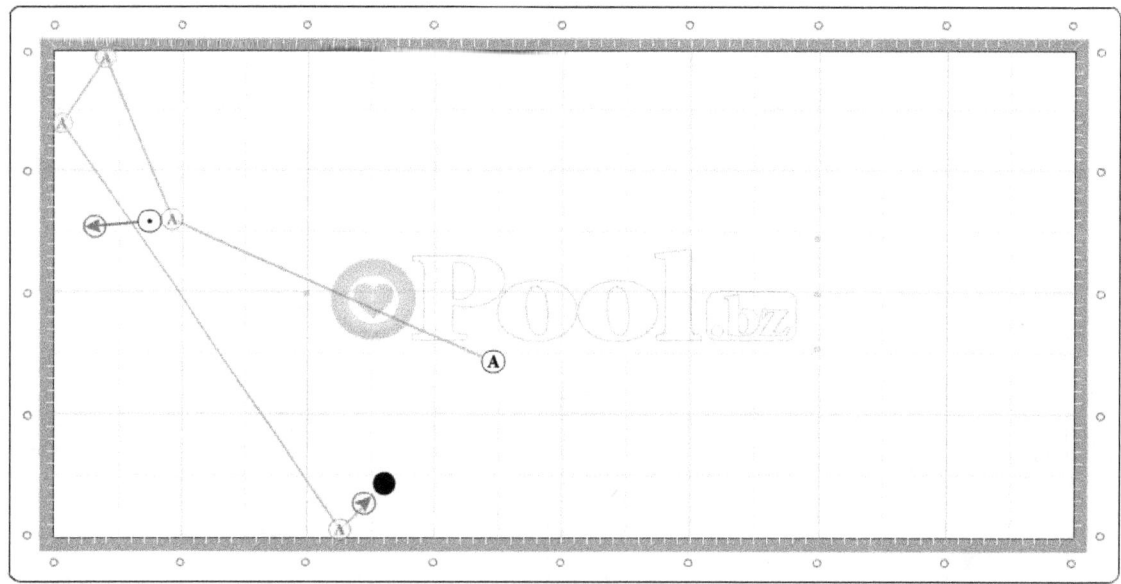

C:2d – Opstelling

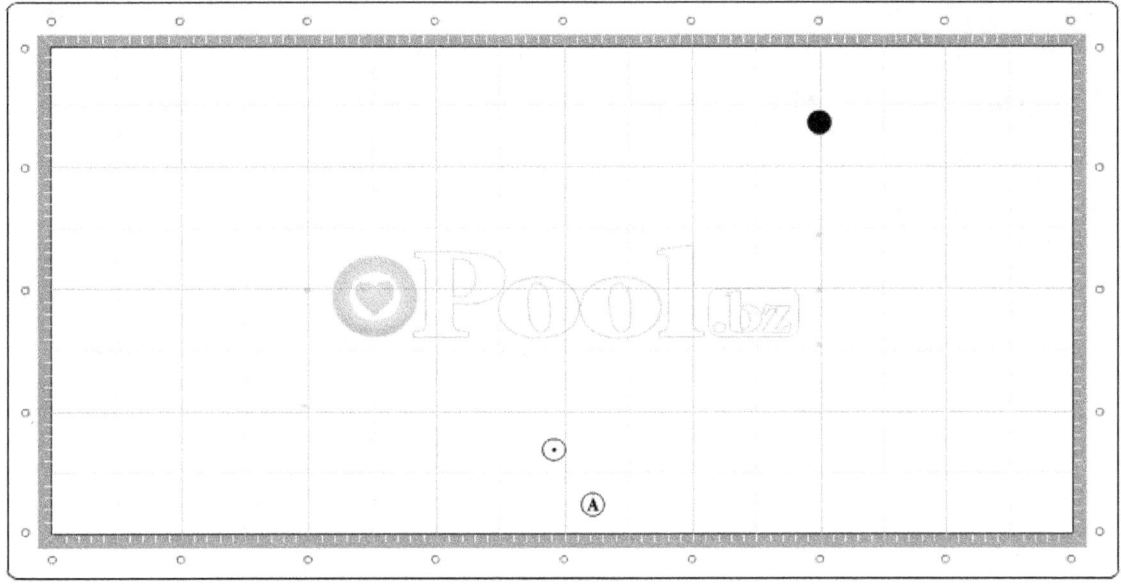

Opmerkingen en ideeën:

Schotpatroon

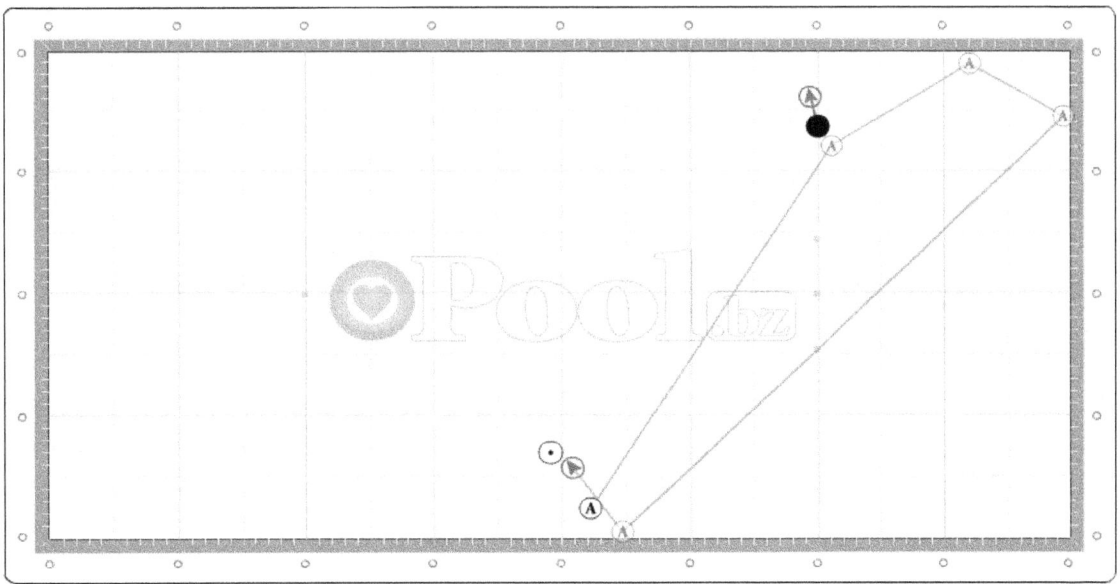

D: Omgekeerd pad

De (CB) komt van de eerste (OB) in de richting van het eerste biljartbanden, met side spin en reverse spin. Dit forceert de (CB) in een achterwaarts patroon.

Ⓐ (CB) (uw biljartbal) – ⊙ (OB) (tegenstander biljartbal) – ● (OB) (rode biljartbal)

D: Groep 1

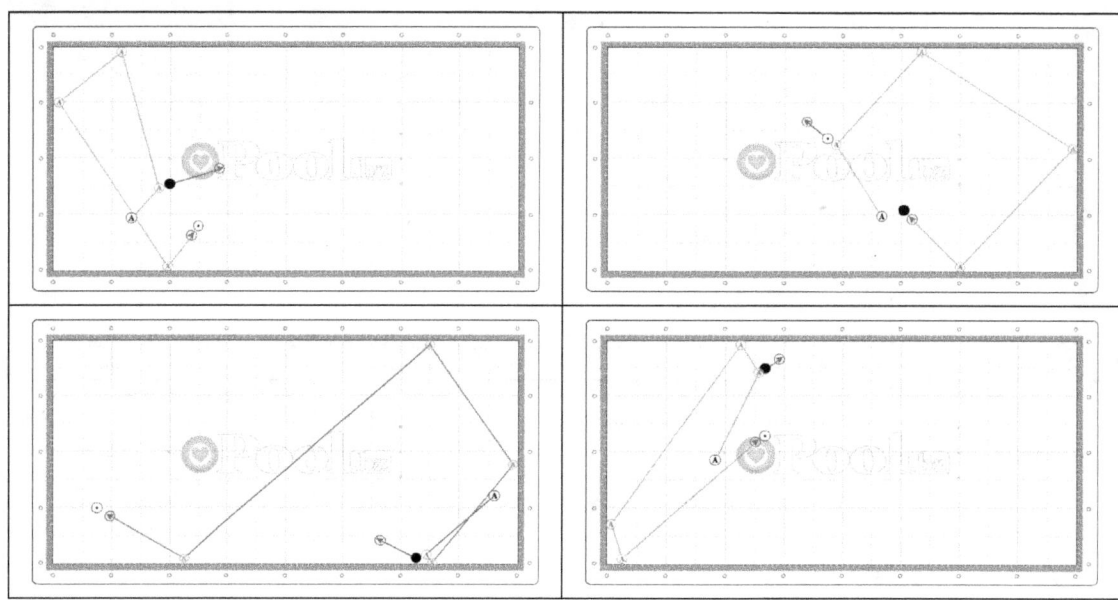

Analyse:

D:1a. _____

D:1b. _____

D:1c. _____

D:1d. _____

D:1a – Opstelling

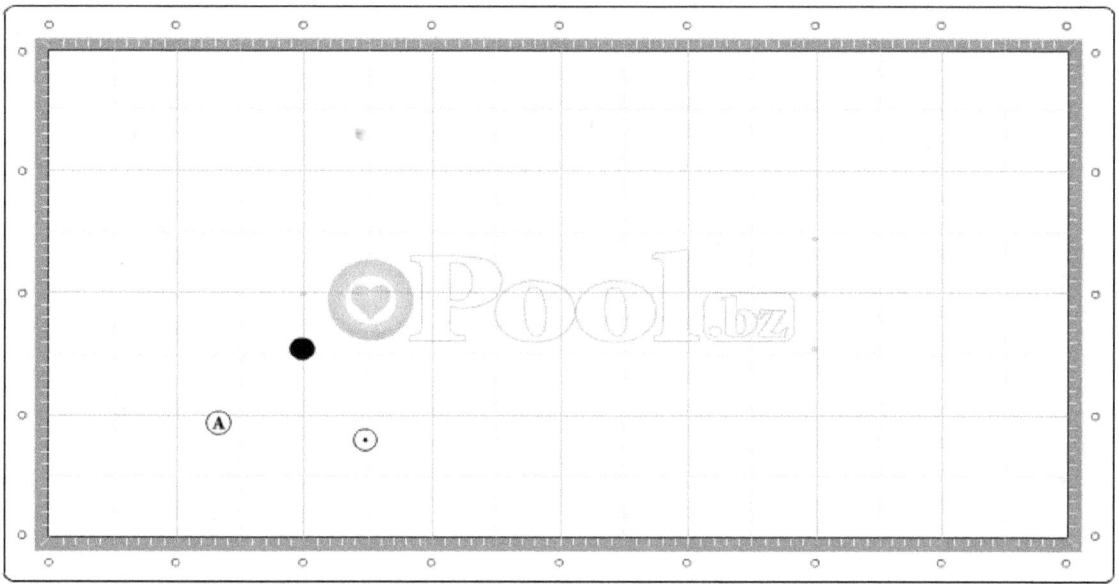

Opmerkingen en ideeën:

Schotpatroon

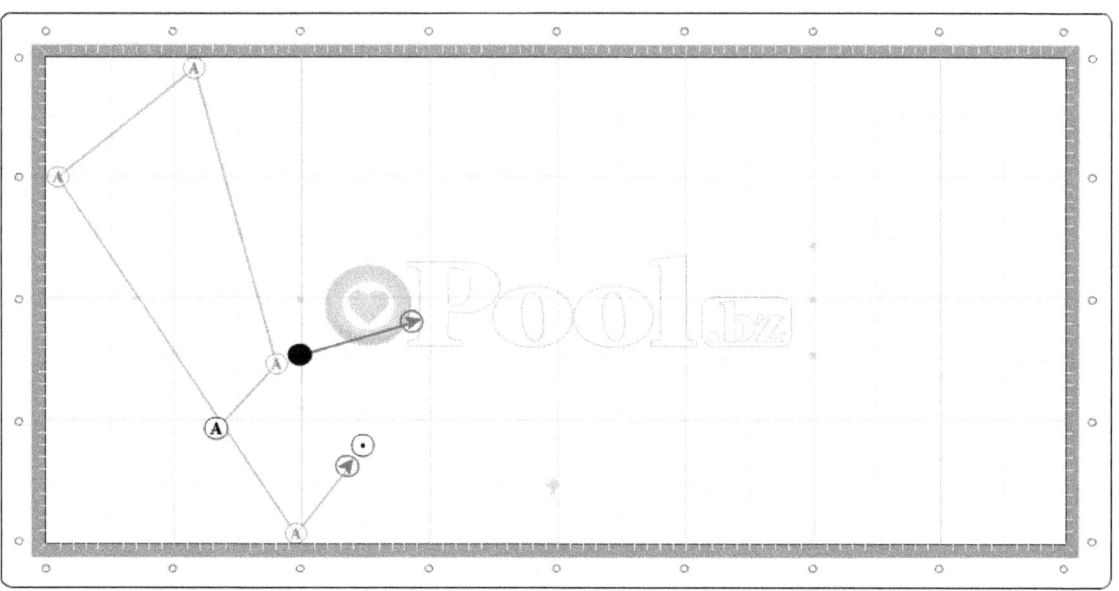

D:1b – Opstelling

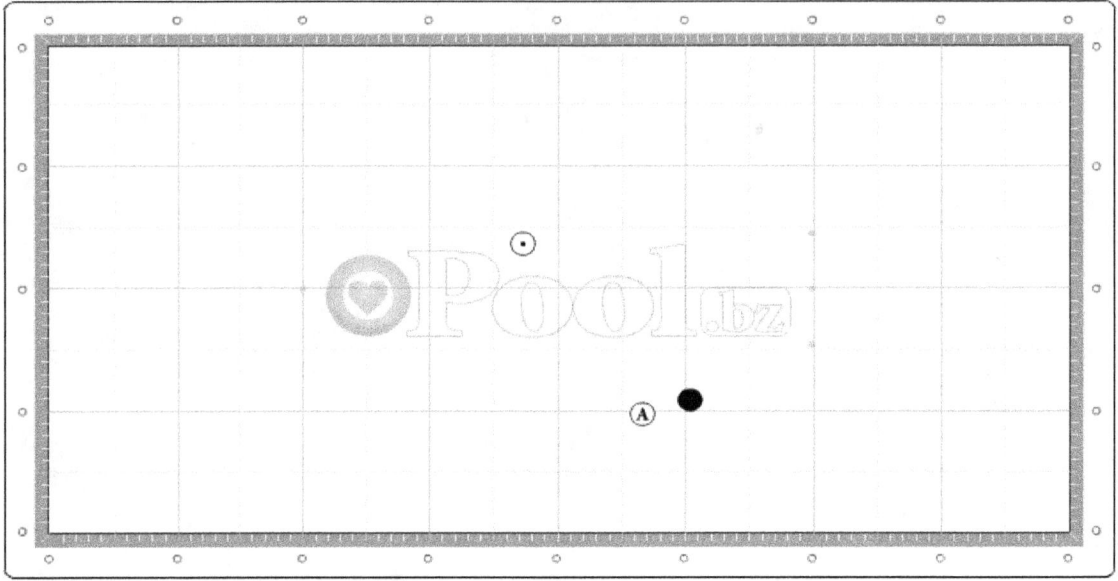

Opmerkingen en ideeën:

Schotpatroon

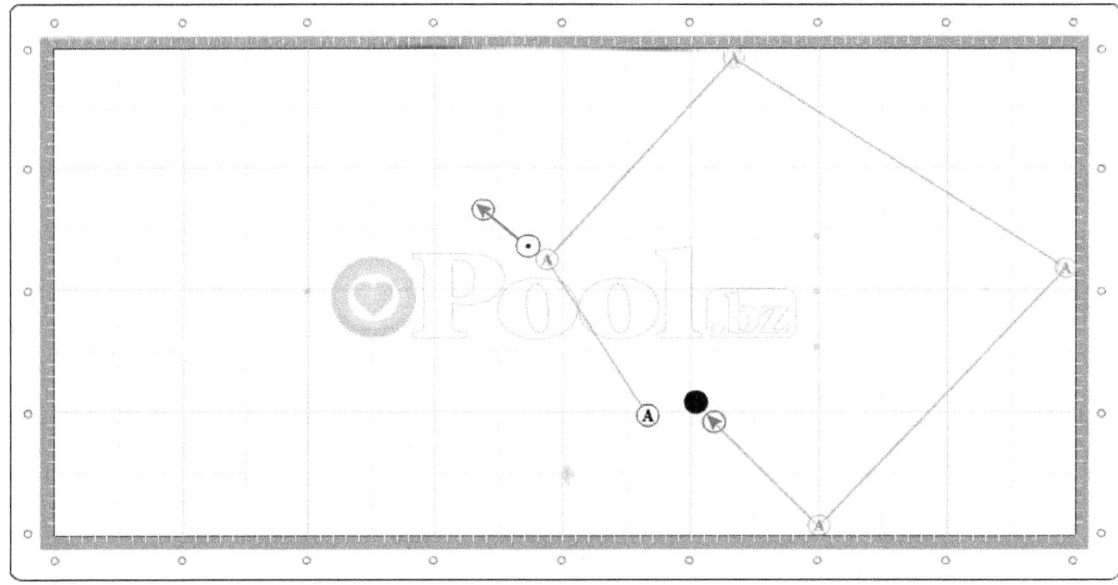

D:1c – Opstelling

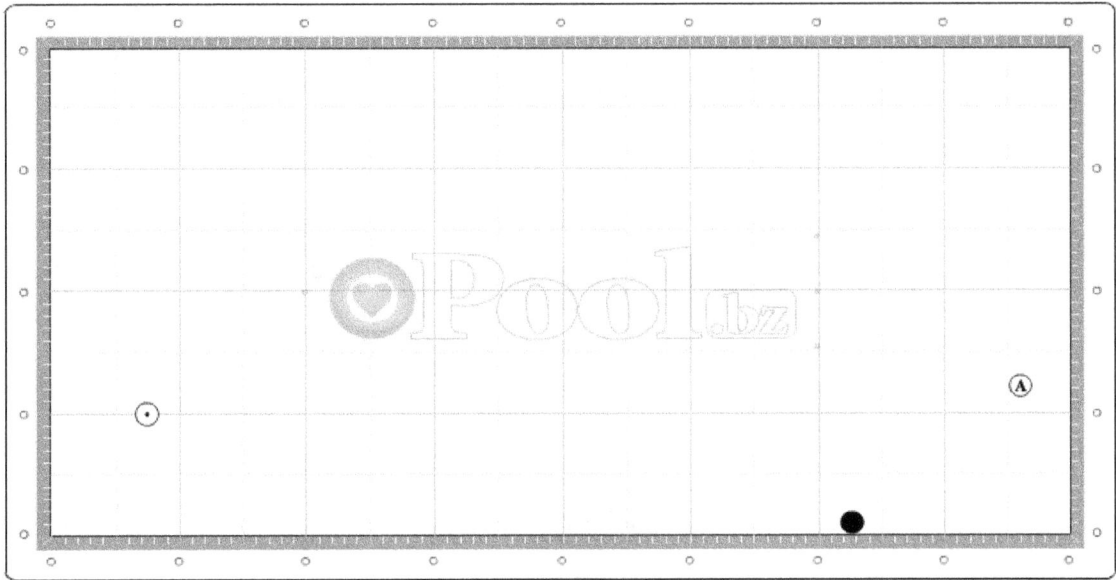

Opmerkingen en ideeën:

Schotpatroon

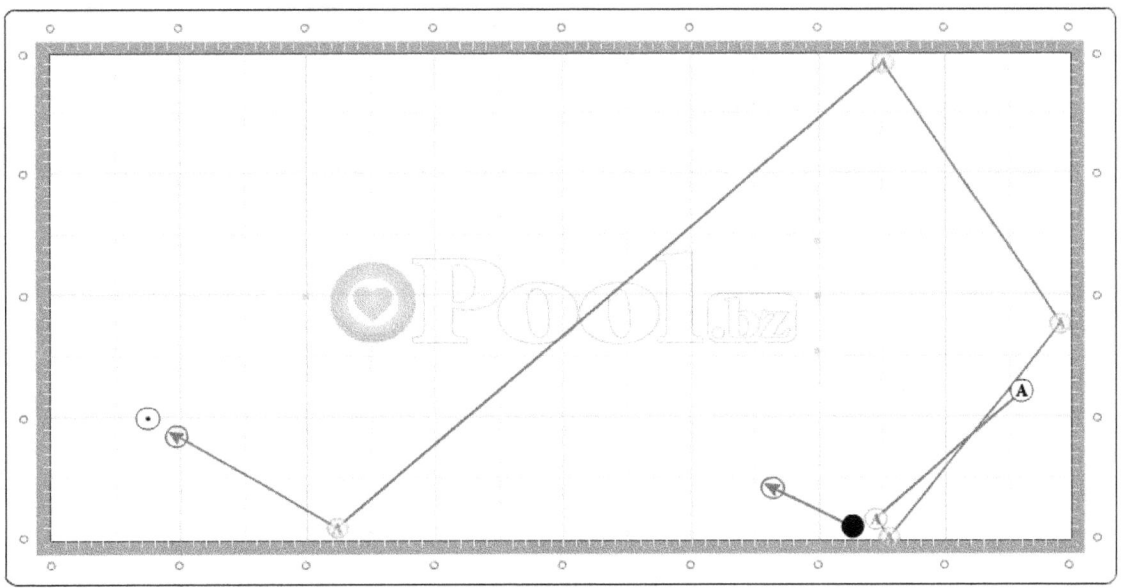

D:1d – Opstelling

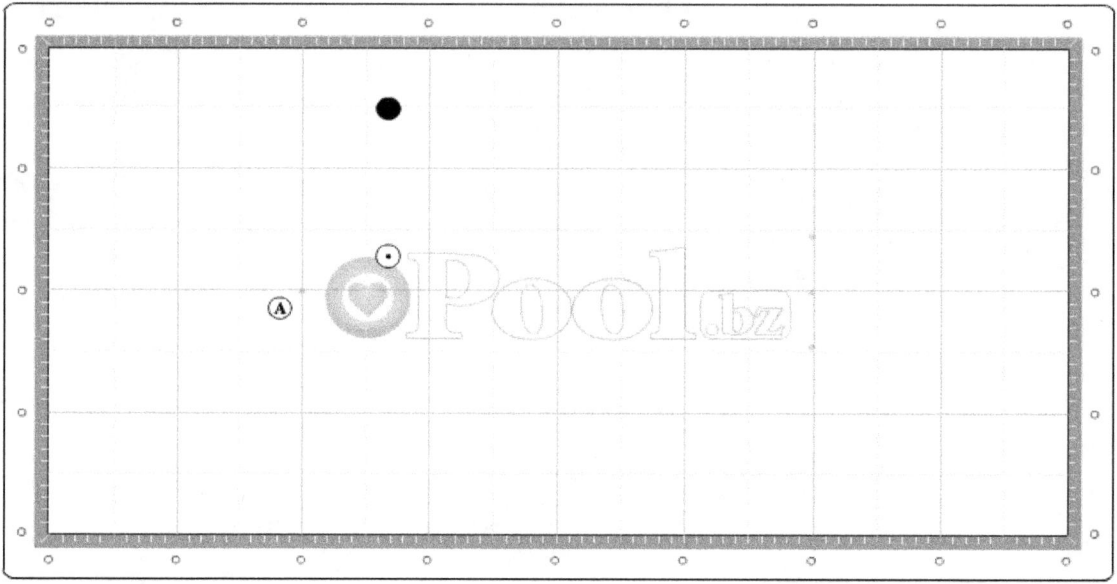

Opmerkingen en ideeën:

Schotpatroon

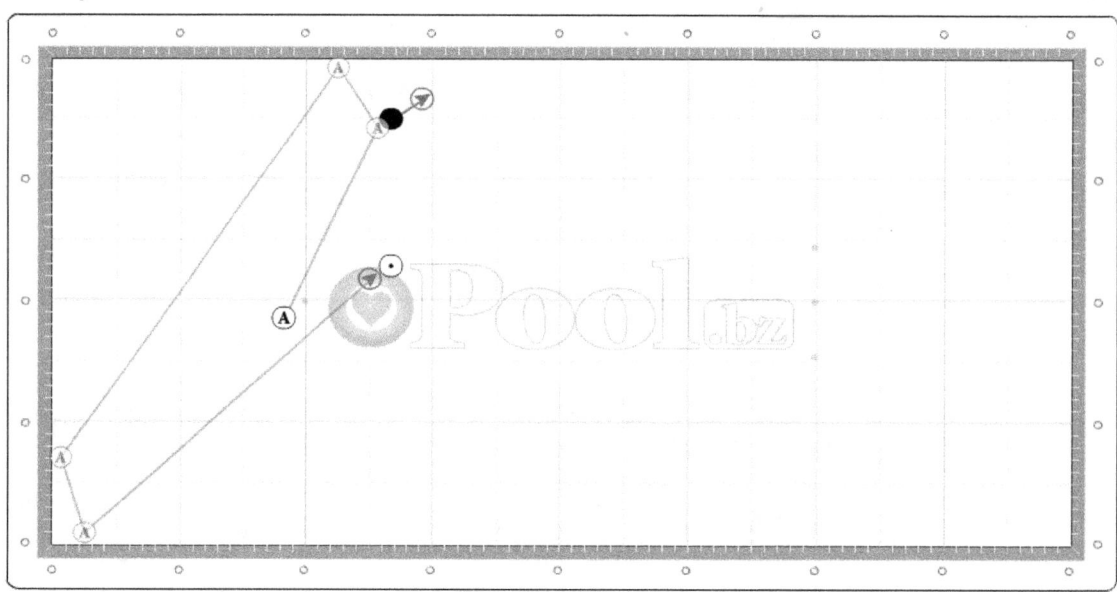

D: Groep 2

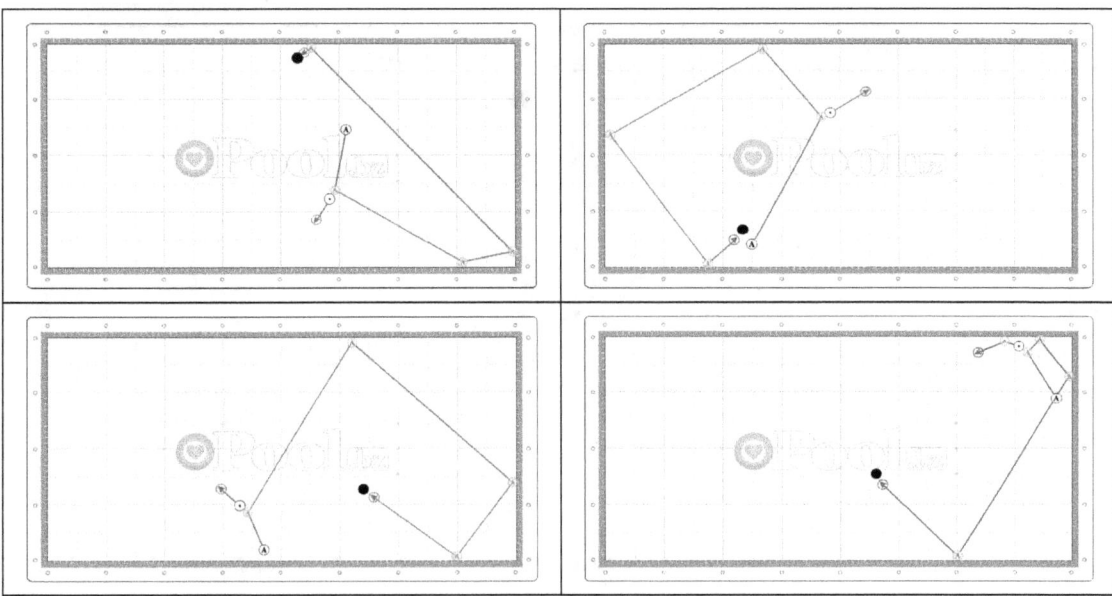

Analyse:

D:2a. _____

D:2b. _____

D:2c. _____

D:2d. _____

D:2a – Opstelling

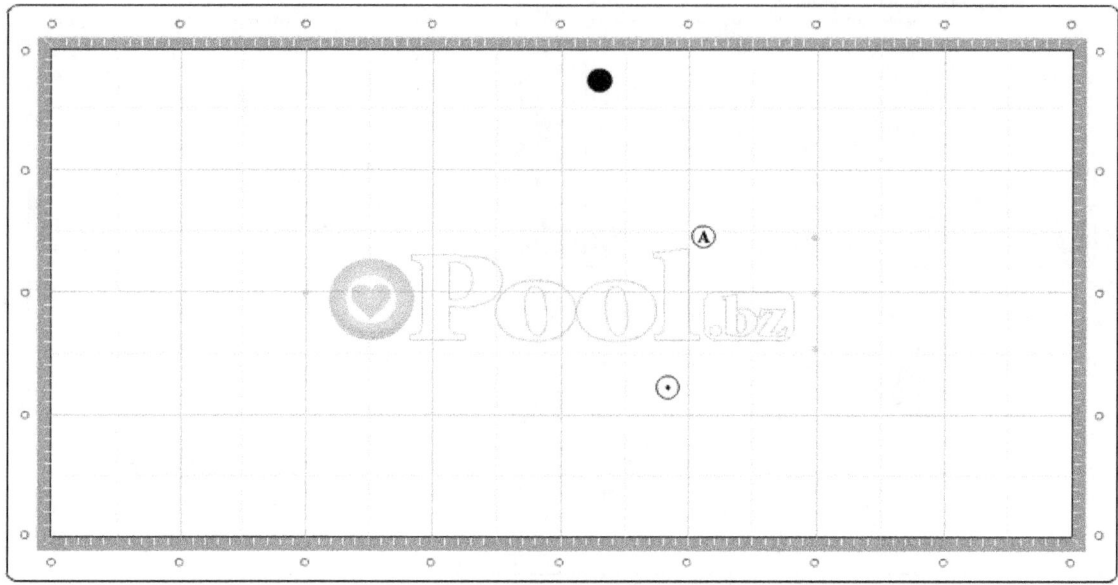

Opmerkingen en ideeën:

Schotpatroon

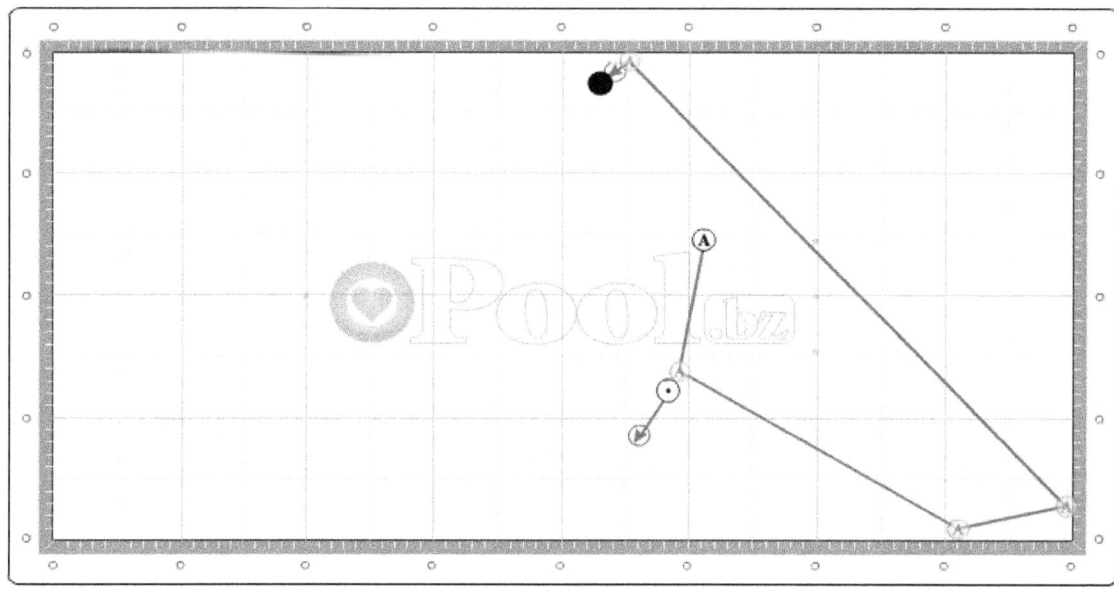

D:2b – Opstelling

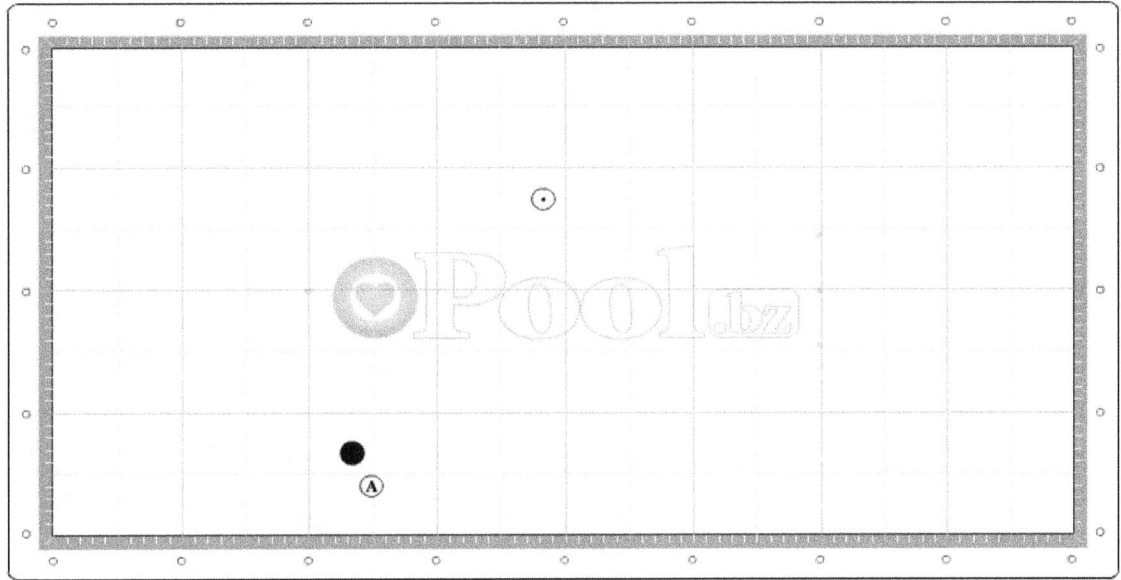

Opmerkingen en ideeën:

Schotpatroon

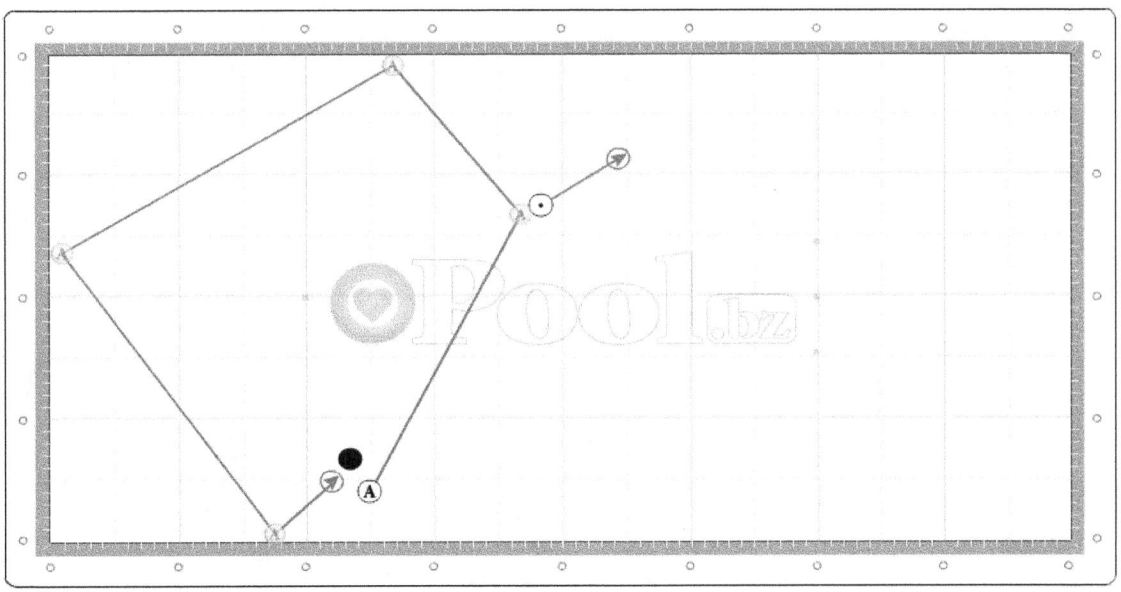

D:2c – Opstelling

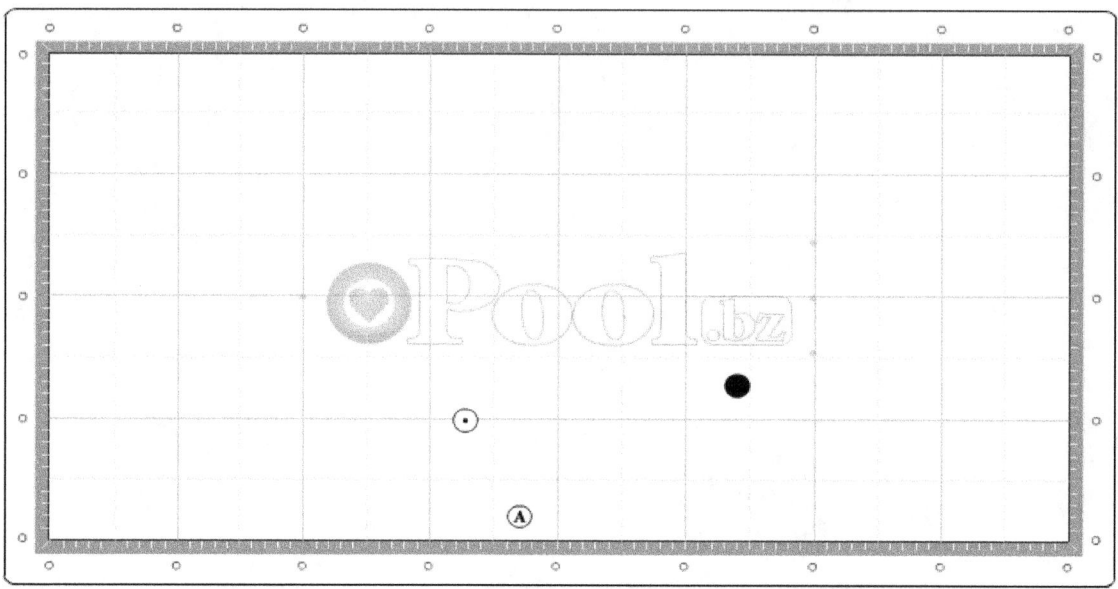

Opmerkingen en ideeën:

Schotpatroon

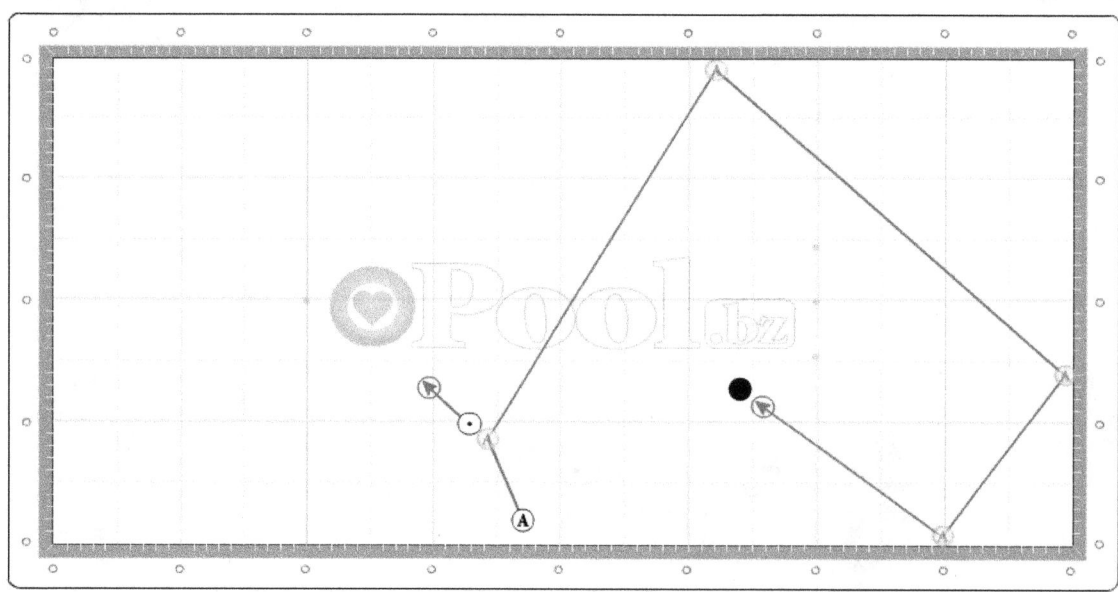

D:2d – Opstelling

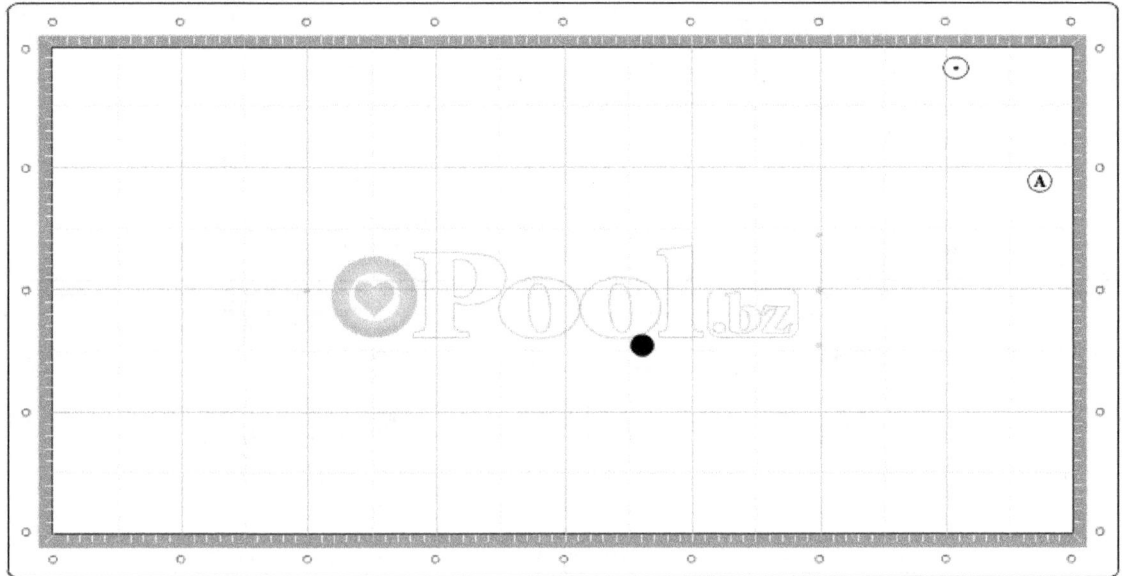

Opmerkingen en ideeën:

Schotpatroon

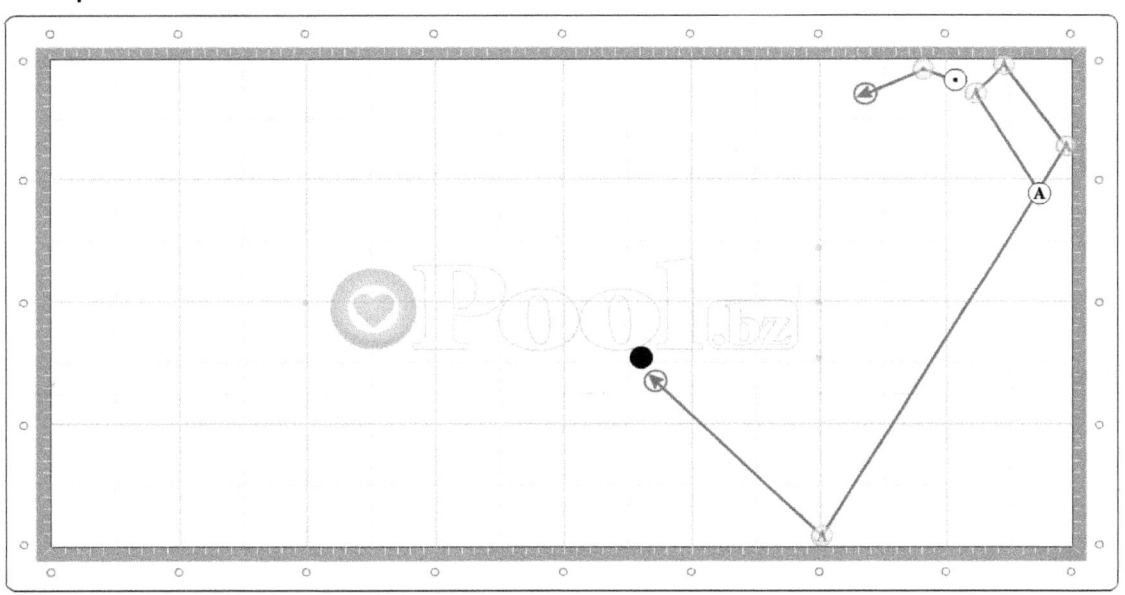

D: Groep 3

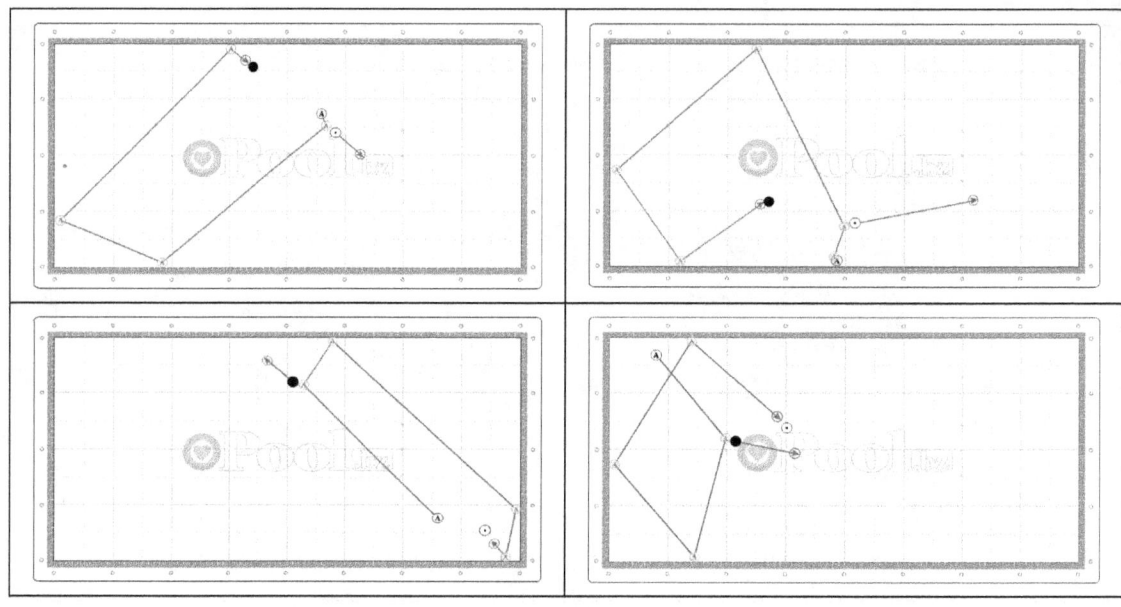

Analyse:

D:3a. _____

D:3b. _____

D:3c. _____

D:3d. _____

D:3a – Opstelling

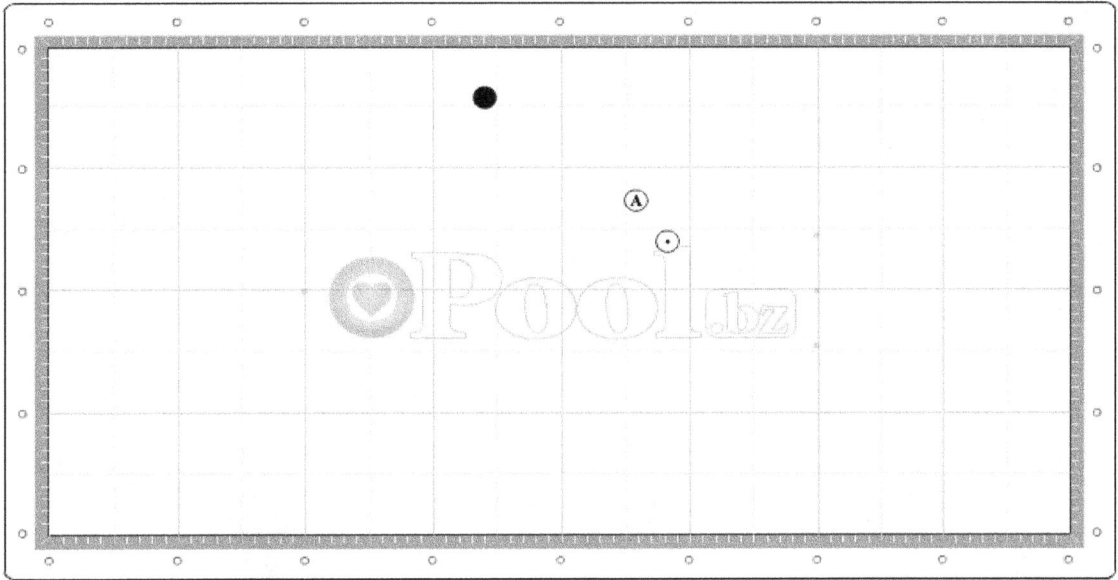

Opmerkingen en ideeën:

Schotpatroon

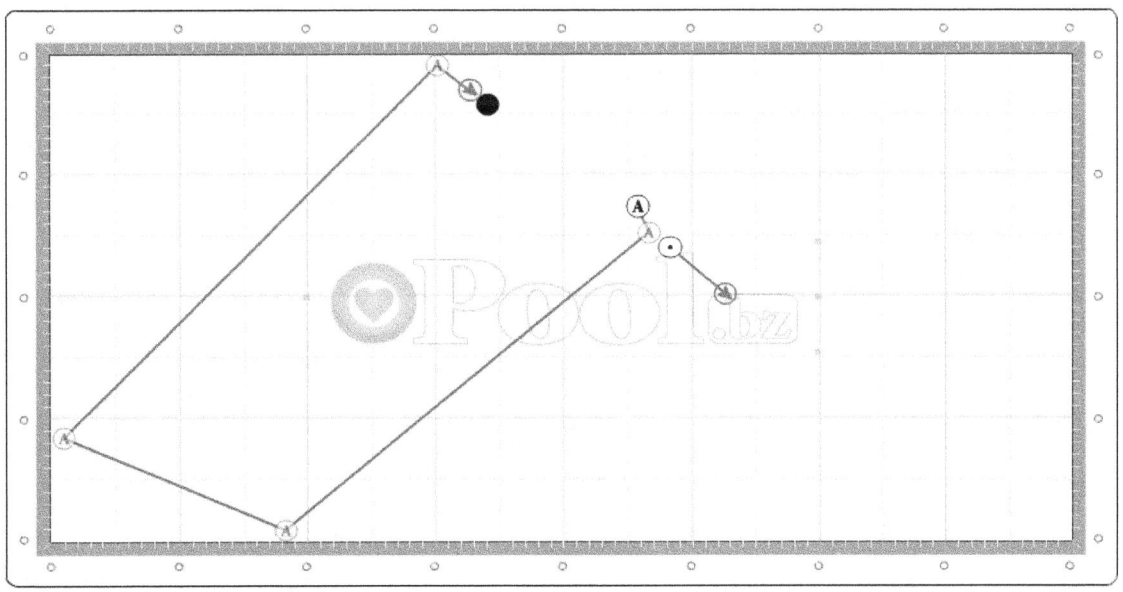

D:3b – Opstelling

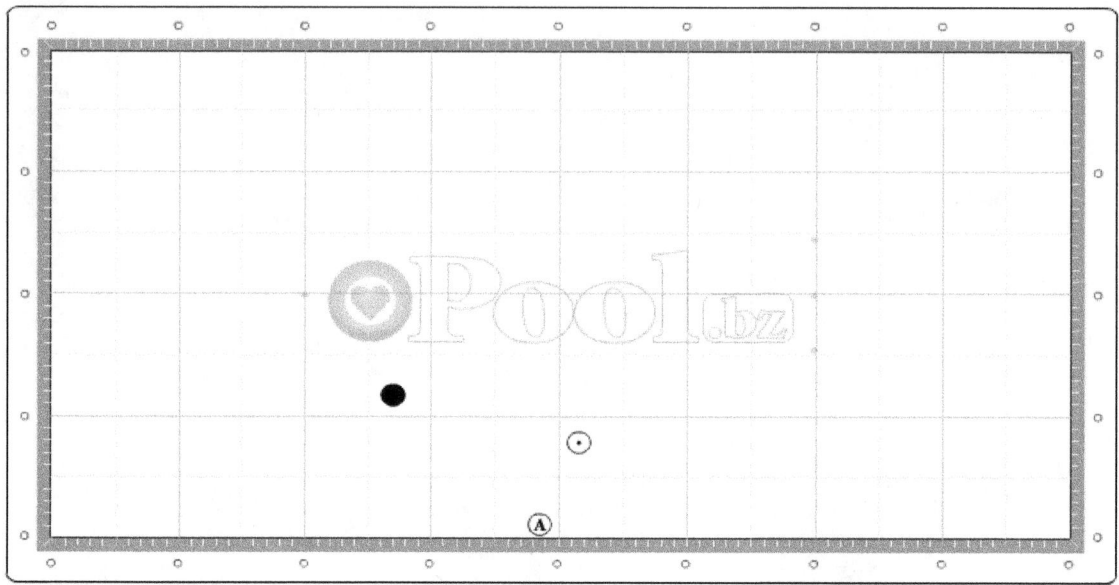

Opmerkingen en ideeën:

Schotpatroon

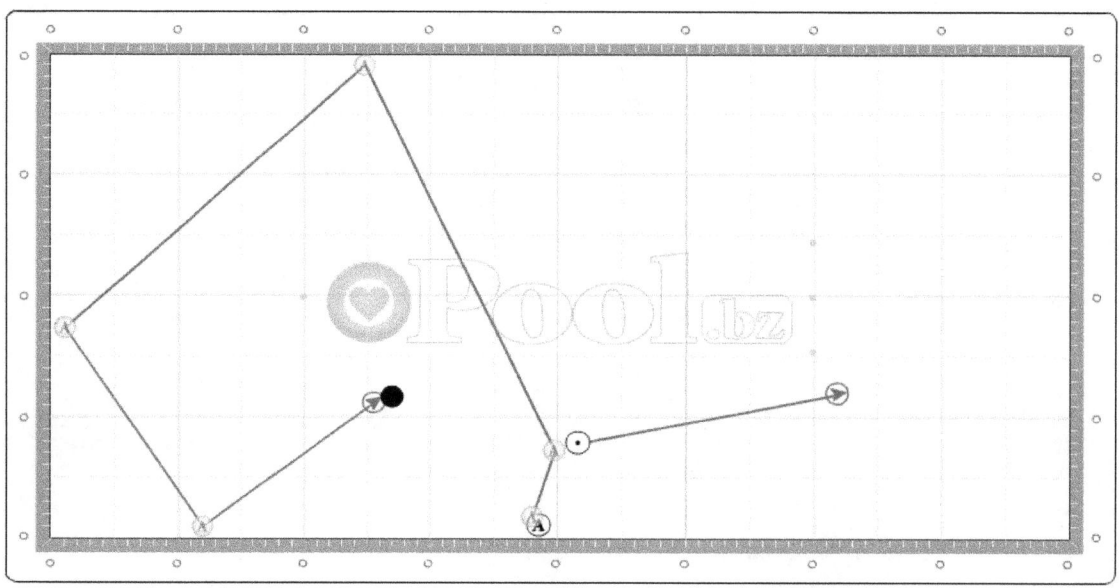

D:3c – Opstelling

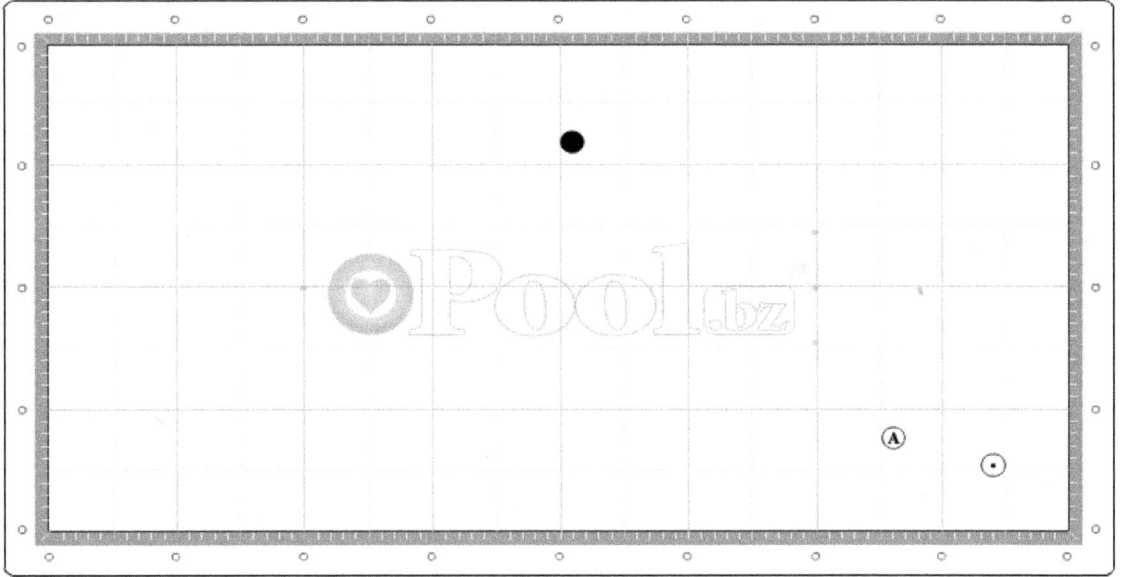

Opmerkingen en ideeën:

Schotpatroon

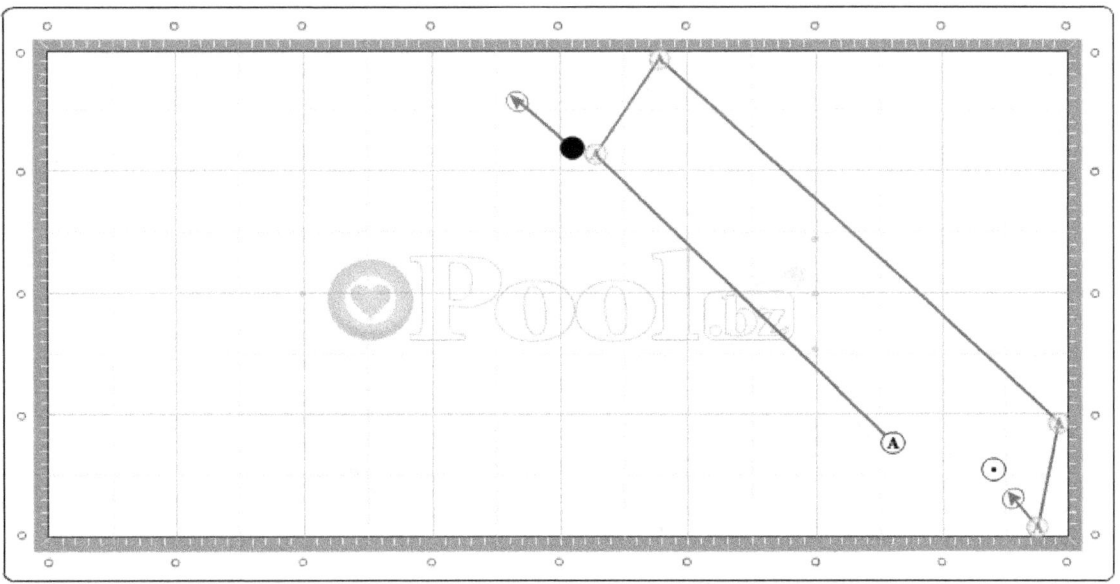

D:3d – Opstelling

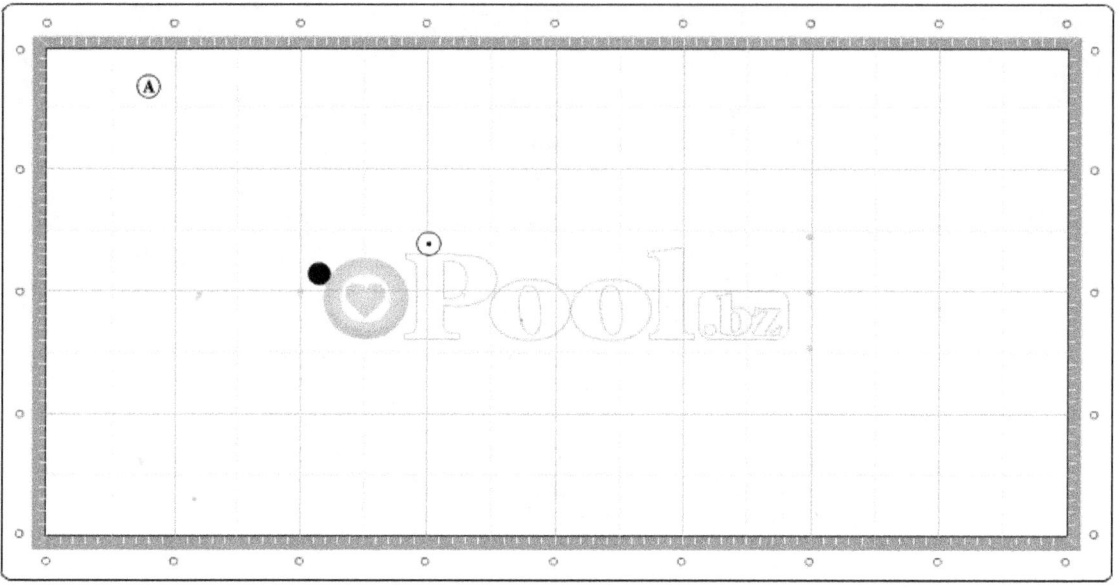

Opmerkingen en ideeën:

Schotpatroon

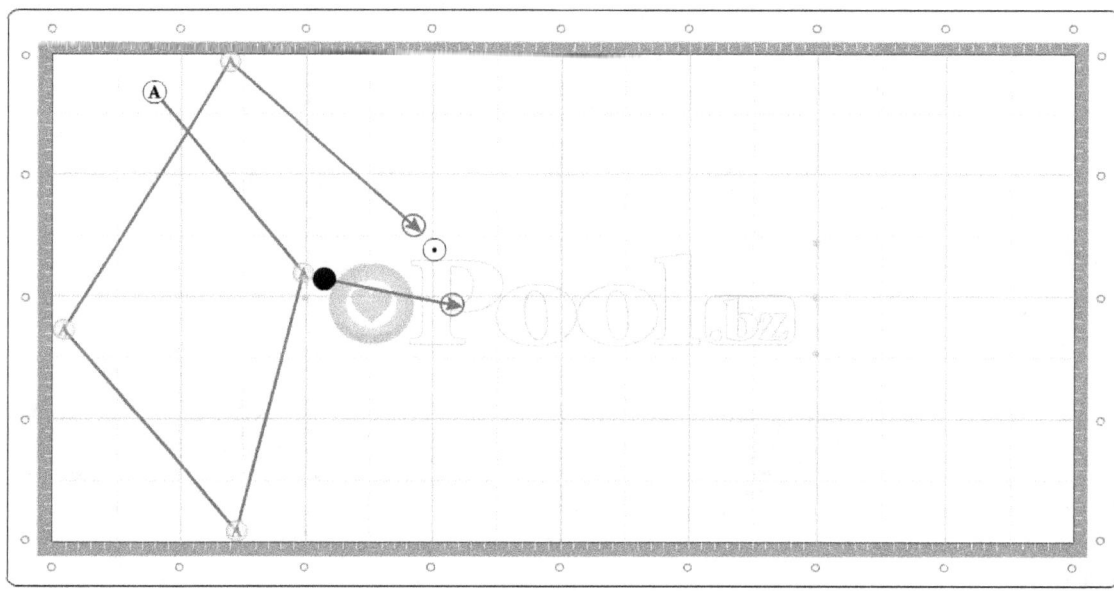

D: Groep 4

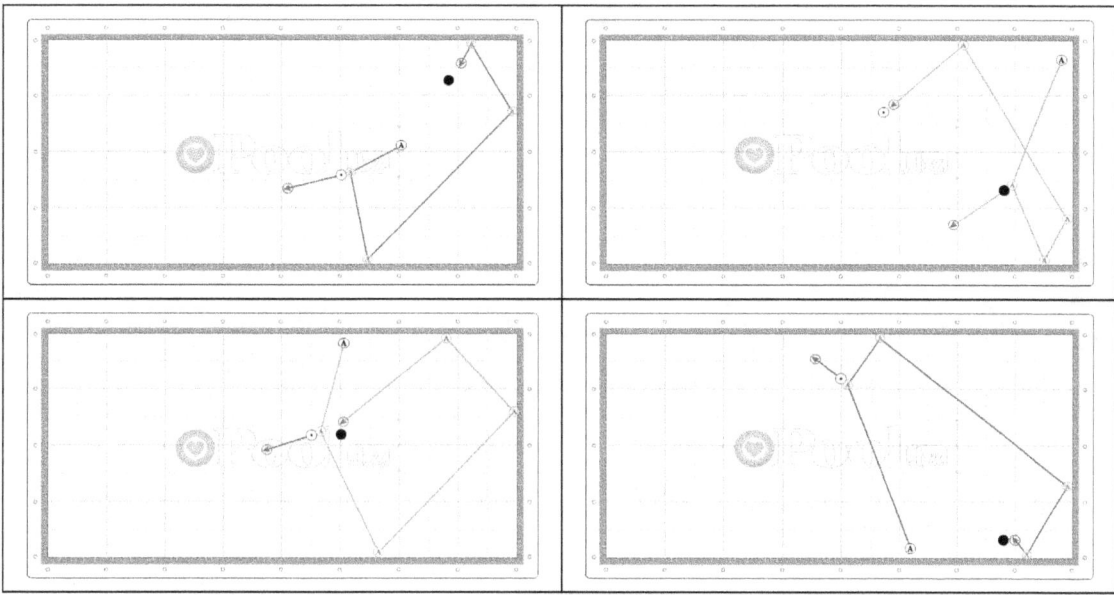

Analyse:

D:4a. _____

D:4b. _____

D:4c. _____

D:4d. _____

D:4a – Opstelling

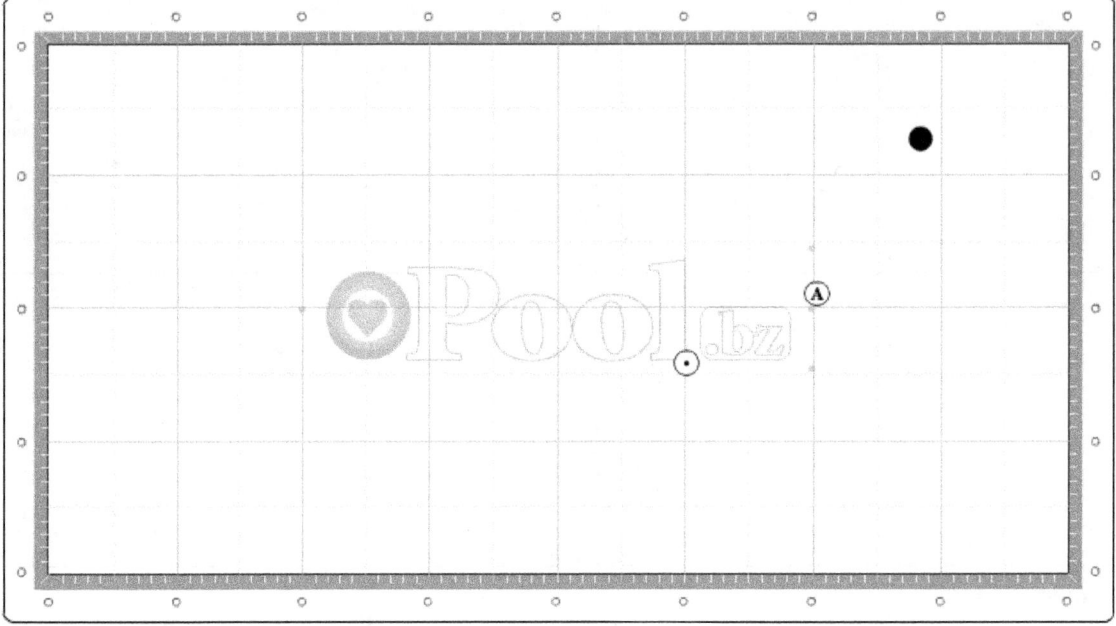

Opmerkingen en ideeën:

Schotpatroon

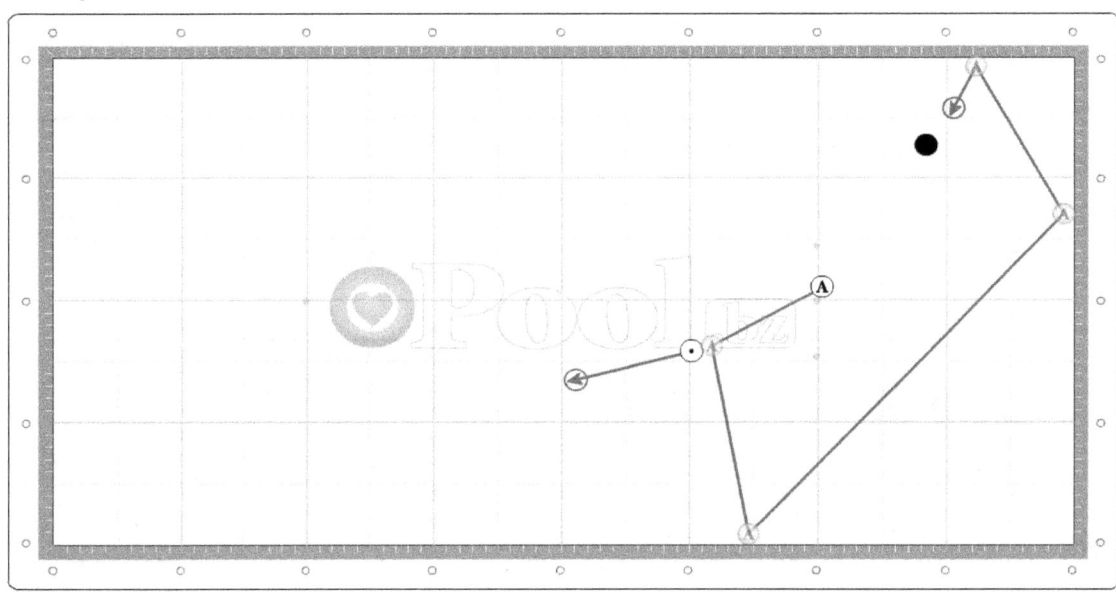

D:4b – Opstelling

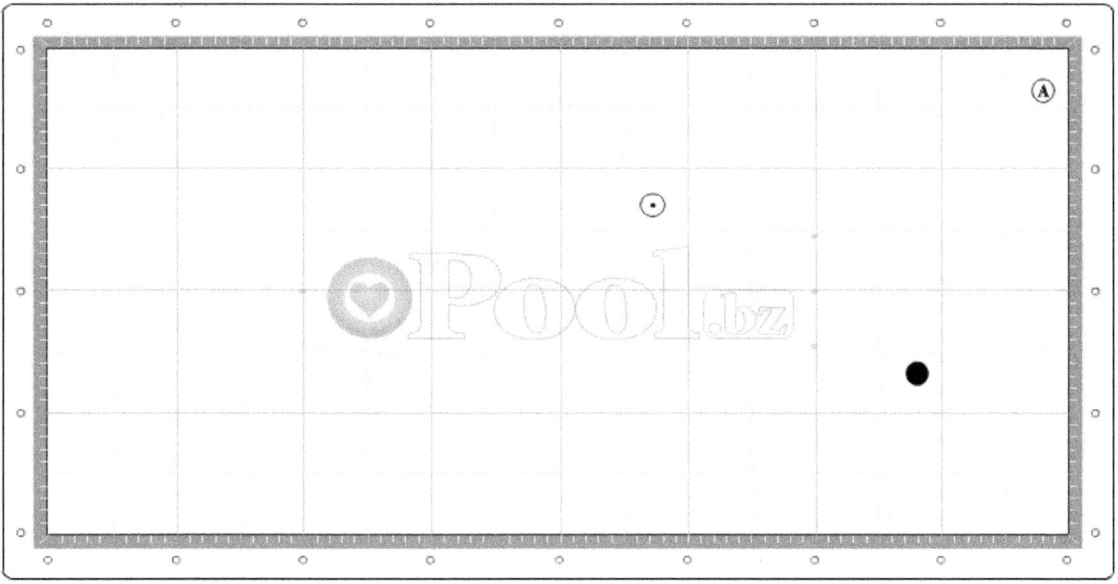

Opmerkingen en ideeën:

Schotpatroon

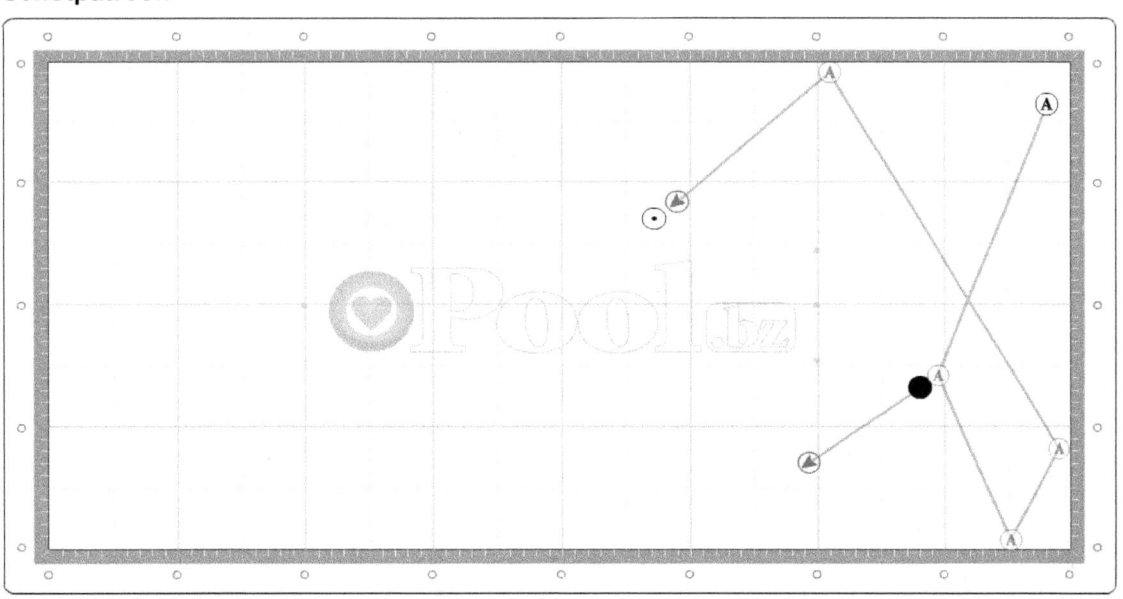

D:4c – Opstelling

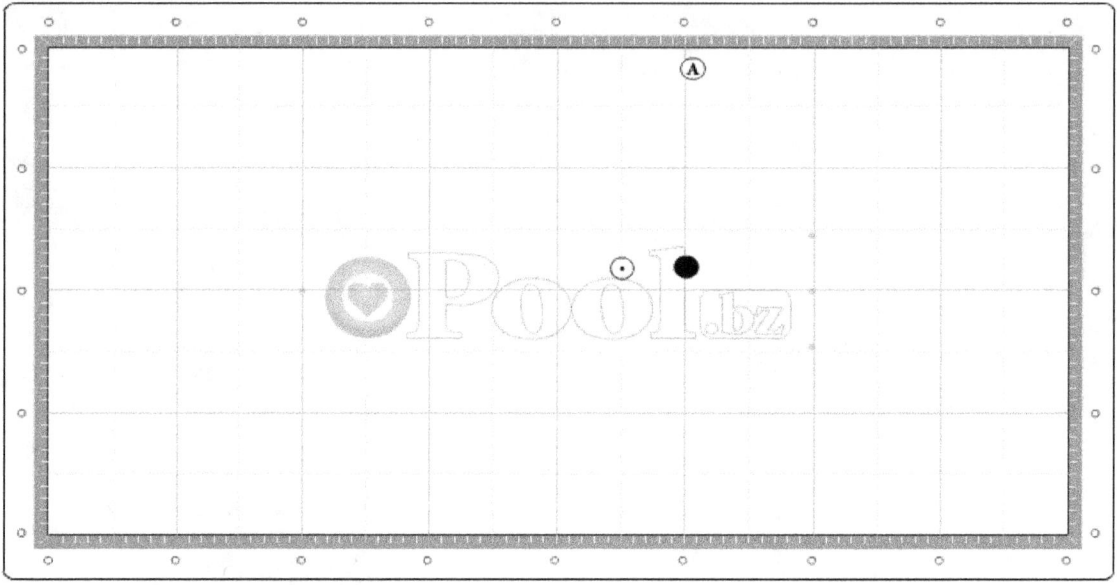

Opmerkingen en ideeën:

Schotpatroon

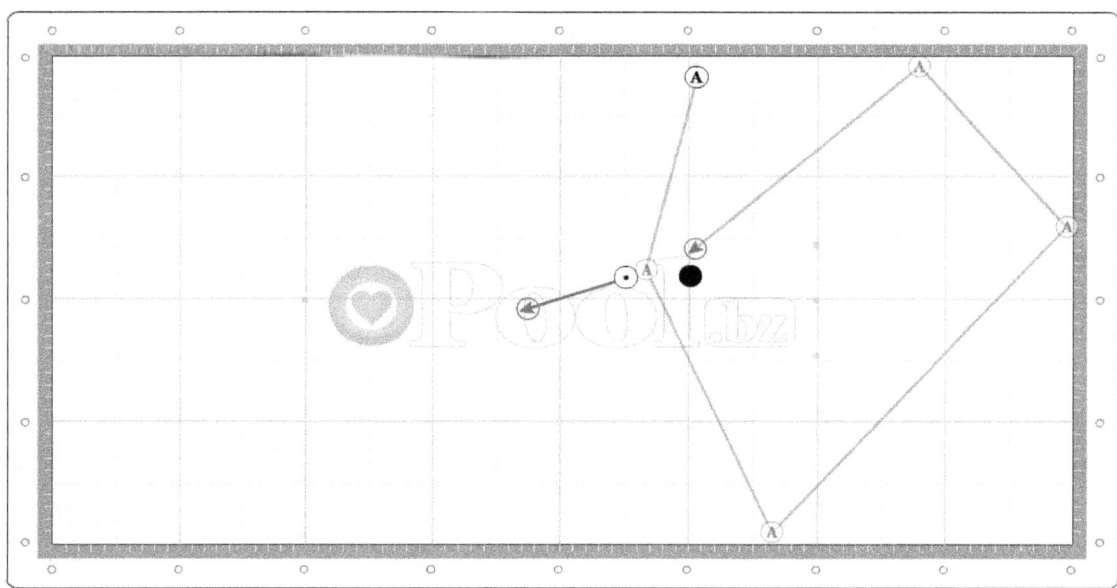

D:4d – Opstelling

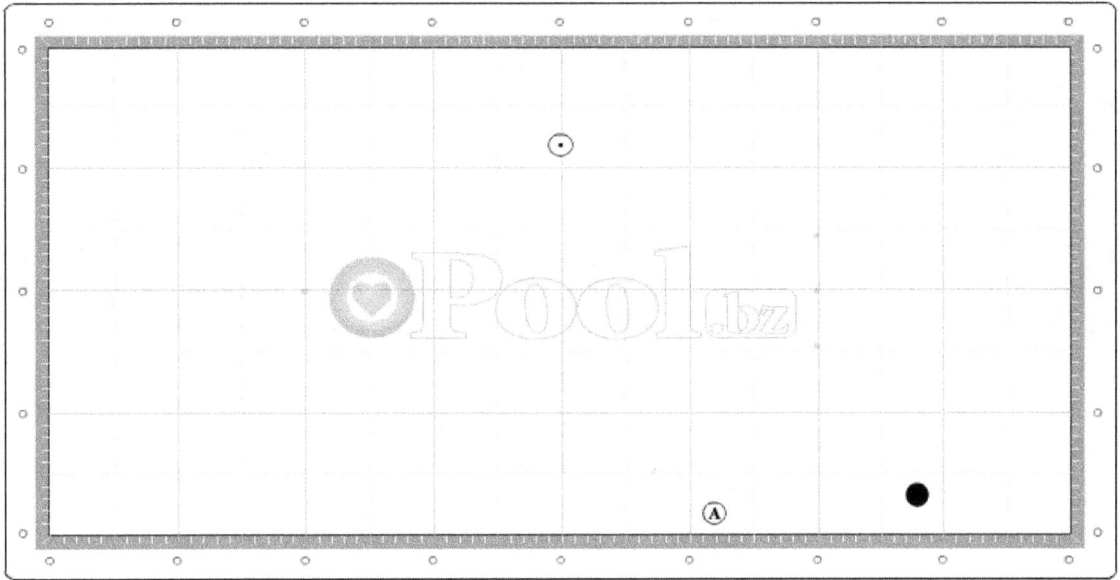

Opmerkingen en ideeën:

Schotpatroon

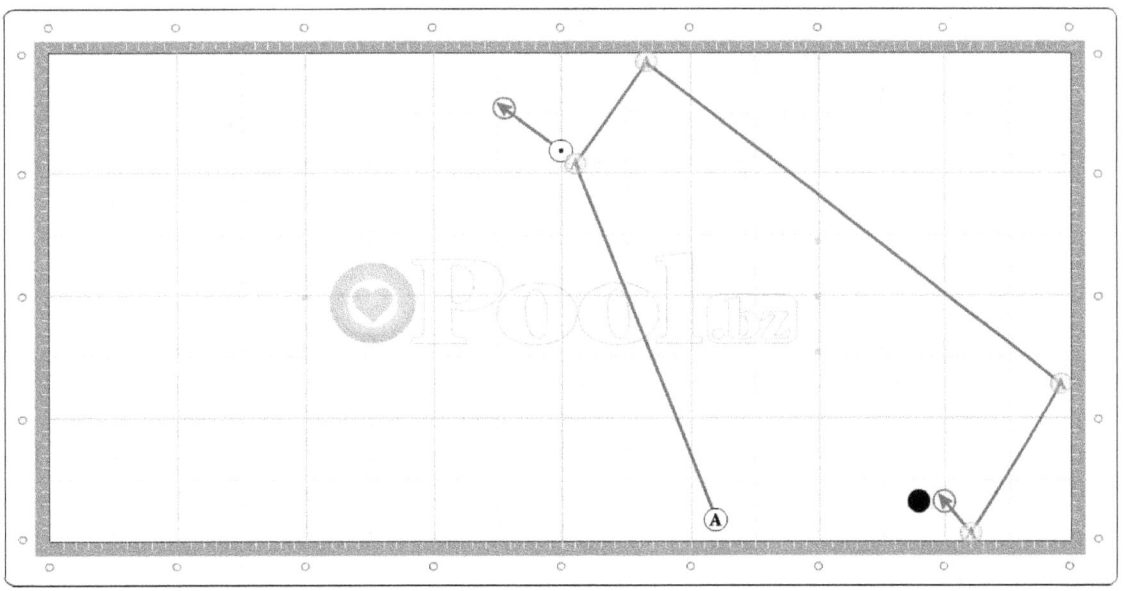

D: Groep 5

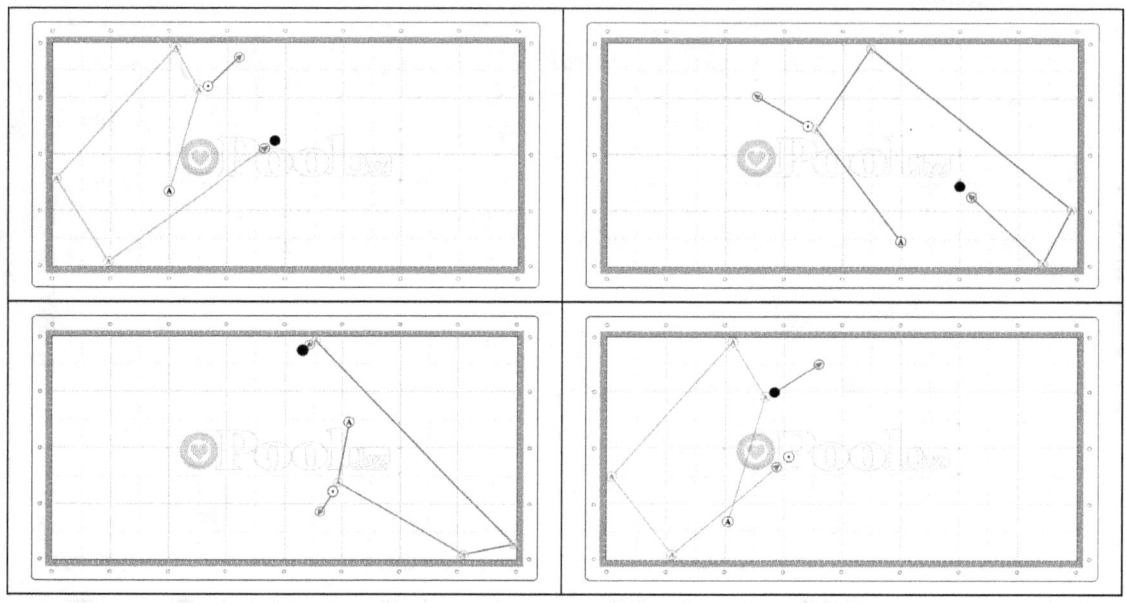

Analyse:

D:5a. _____

D:5b. _____

D:5c. _____

D:5d. _____

D:5a – Opstelling

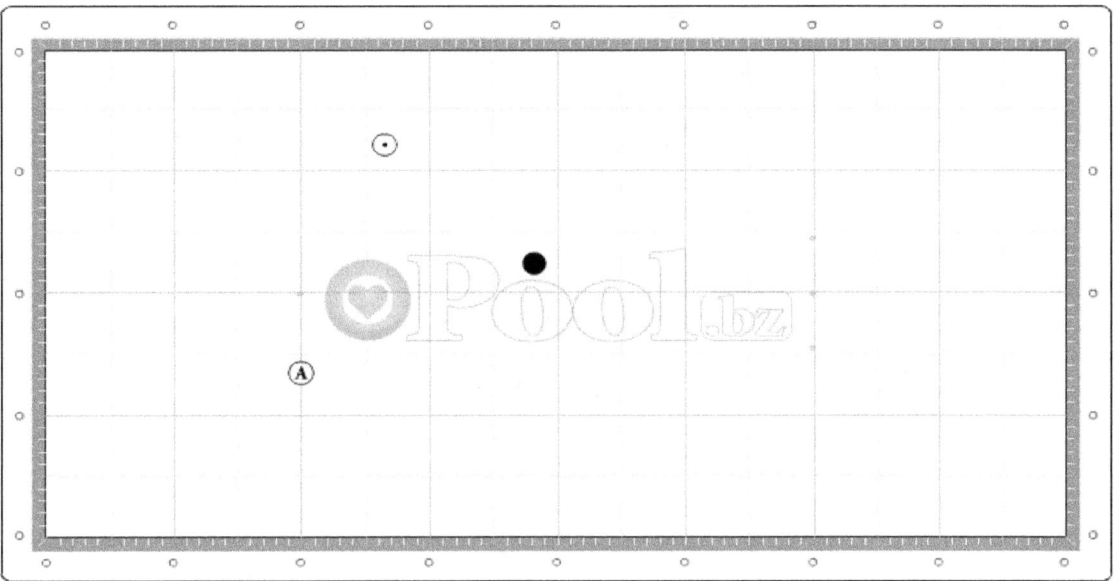

Opmerkingen en ideeën:

Schotpatroon

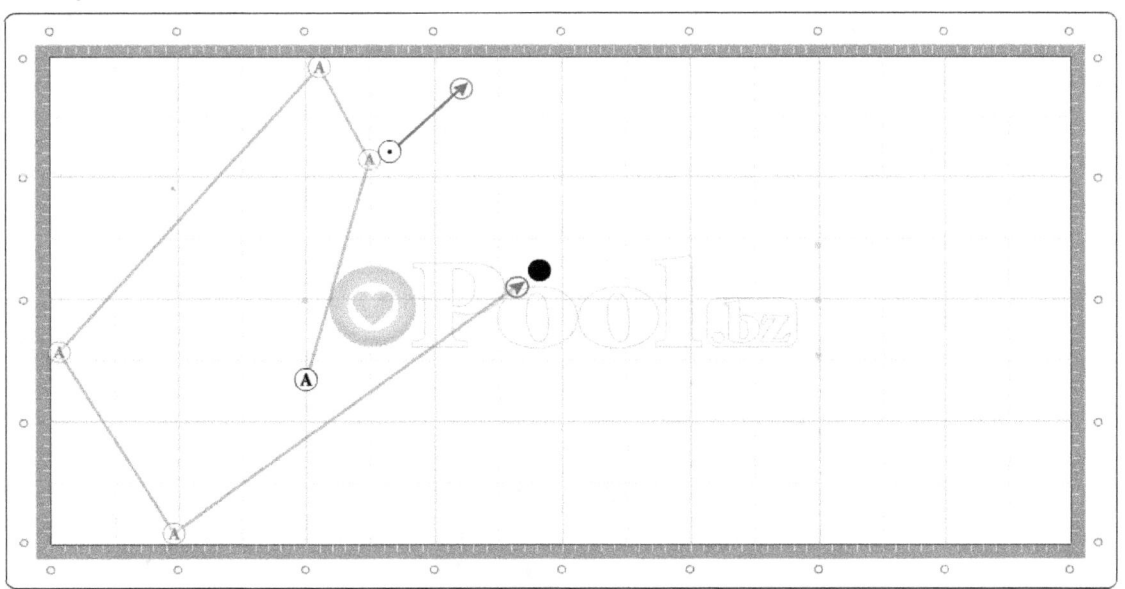

D:5b – Opstelling

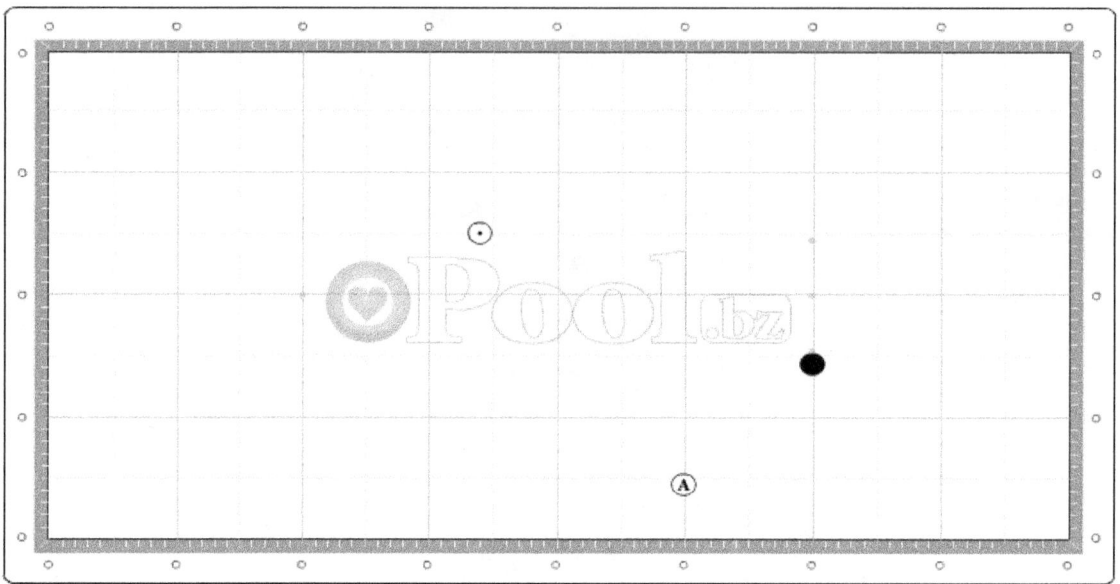

Opmerkingen en ideeën:

Schotpatroon

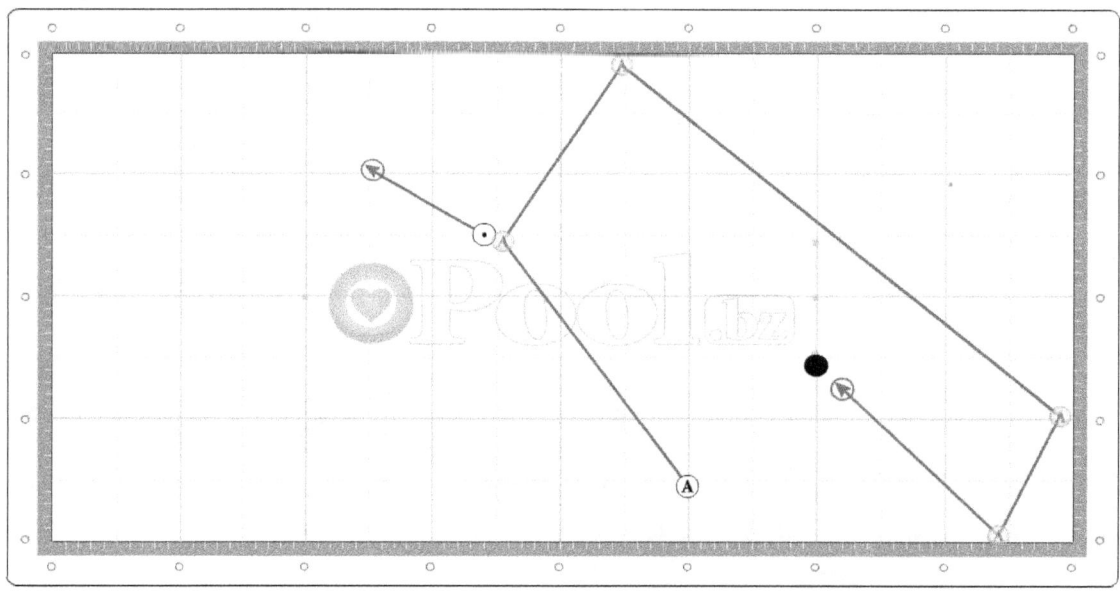

D:5c – Opstelling

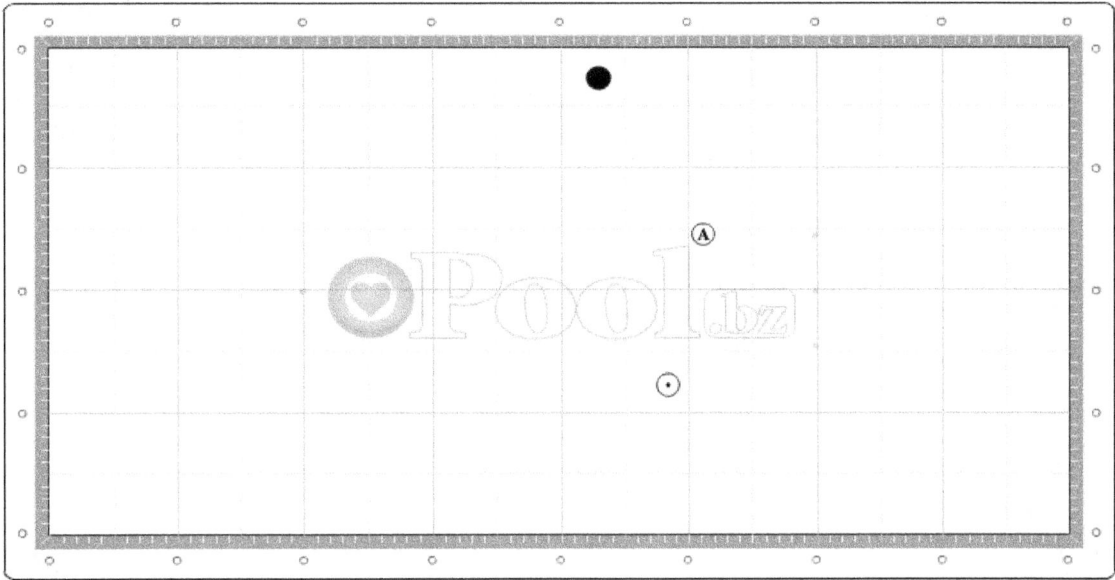

Opmerkingen en ideeën:

Schotpatroon

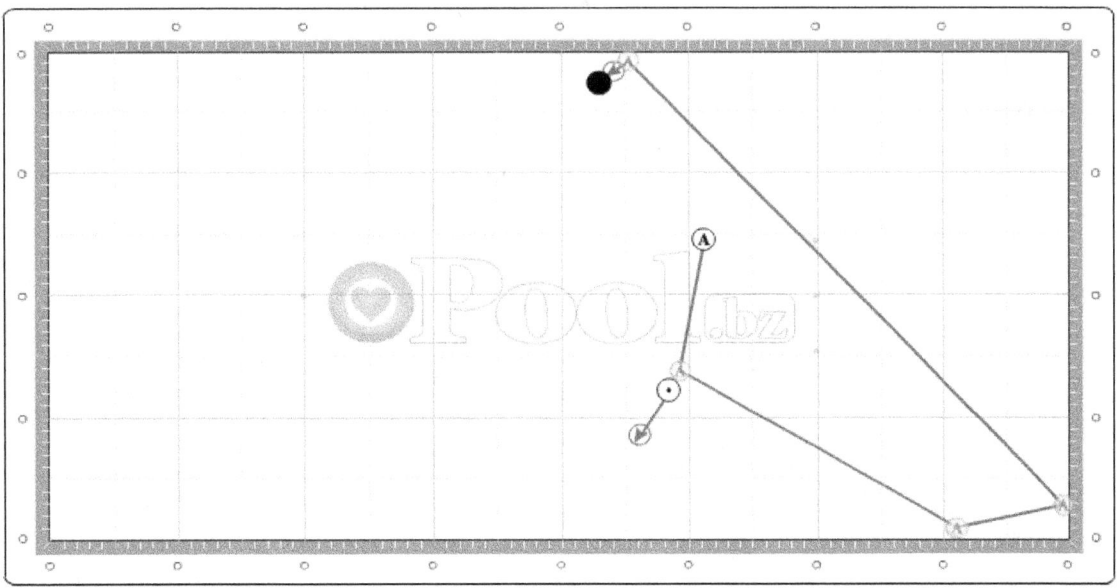

D:5d – Opstelling

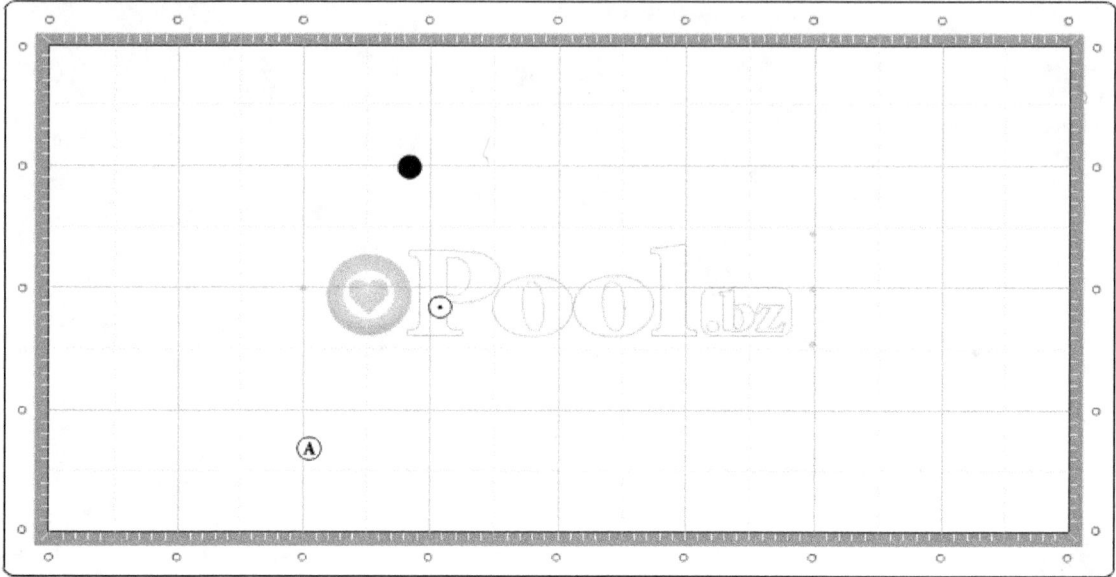

Opmerkingen en ideeën:

Schotpatroon

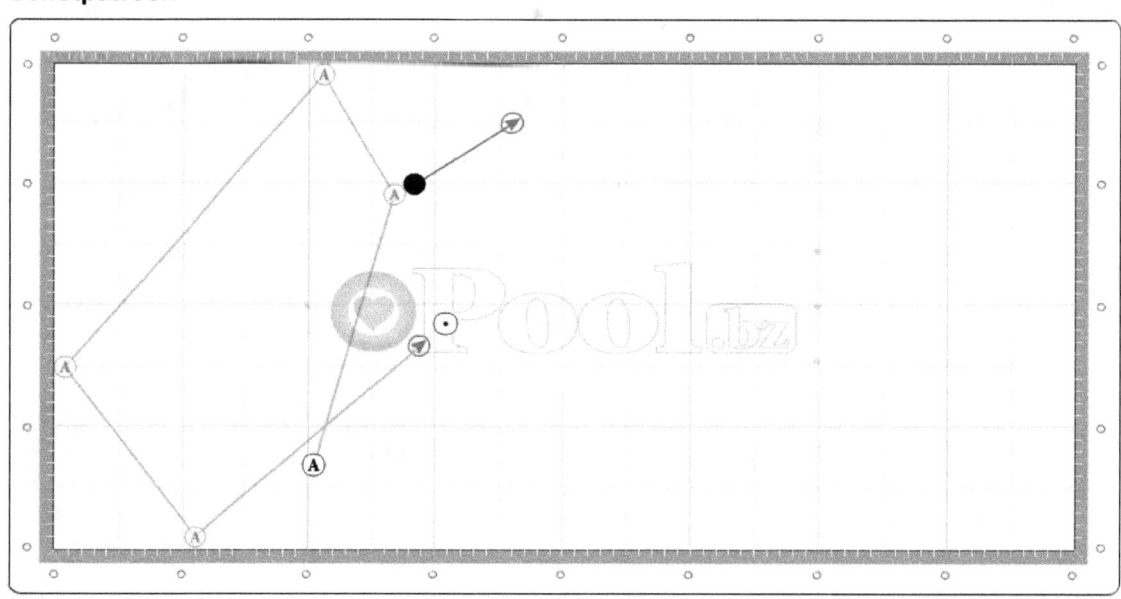

D: Groep 6

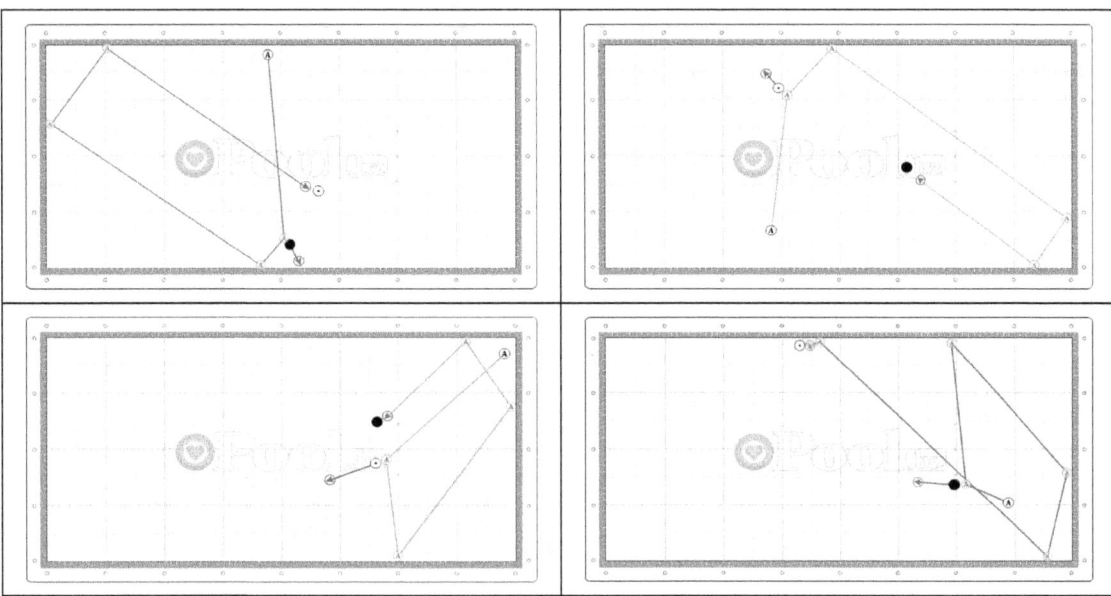

Analyse:

D:6a. _____

D:6b. _____

D:6c. _____

D:6d. _____

D:6a – Opstelling

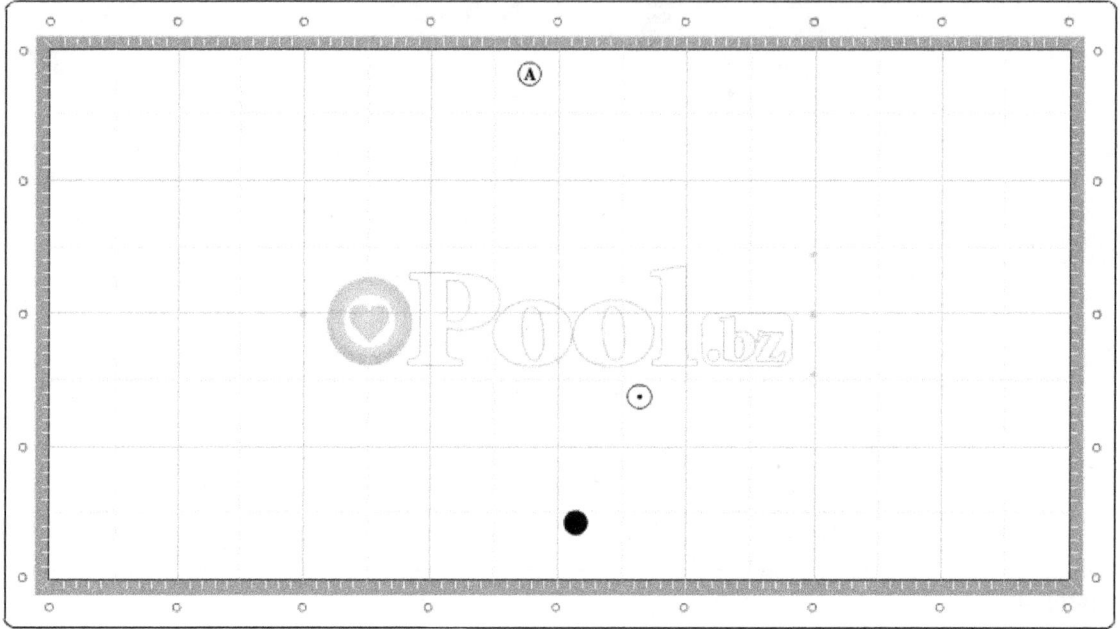

Opmerkingen en ideeën:

Schotpatroon

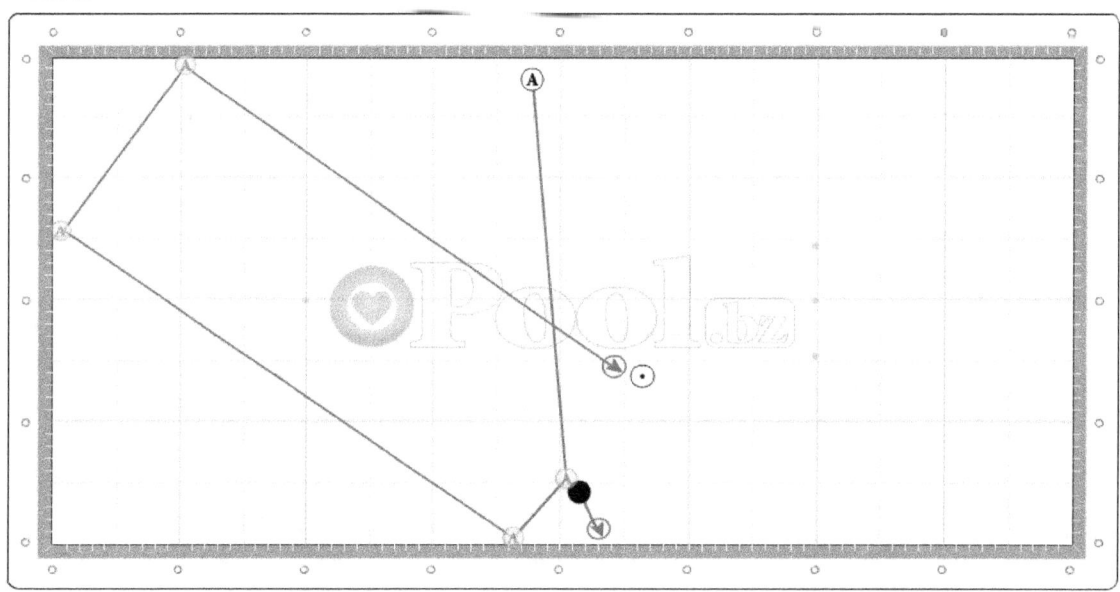

D:6b – Opstelling

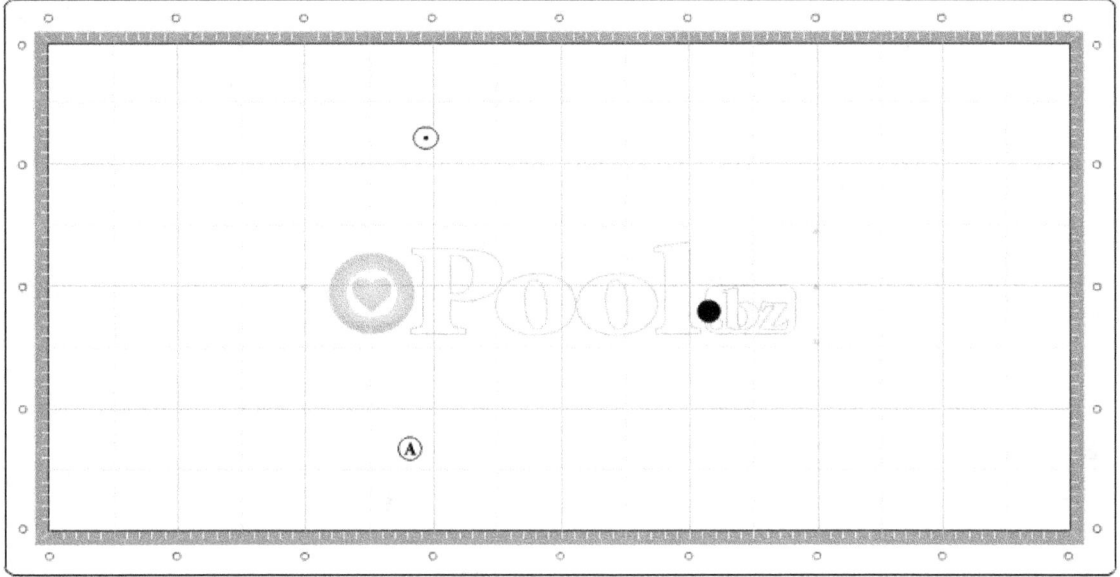

Opmerkingen en ideeën:

Schotpatroon

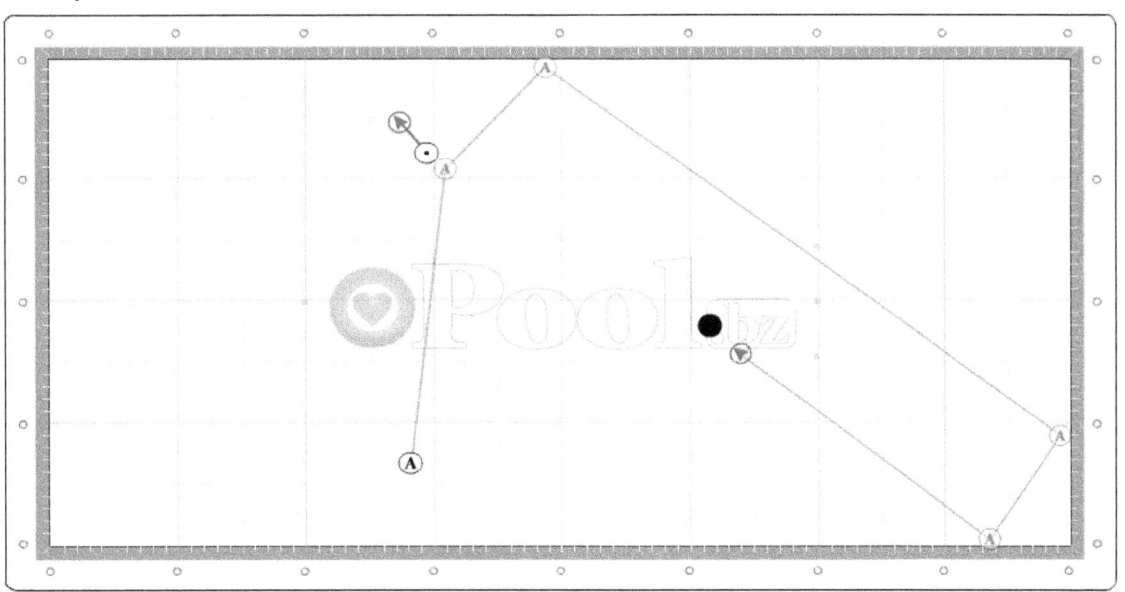

D:6c – Opstelling

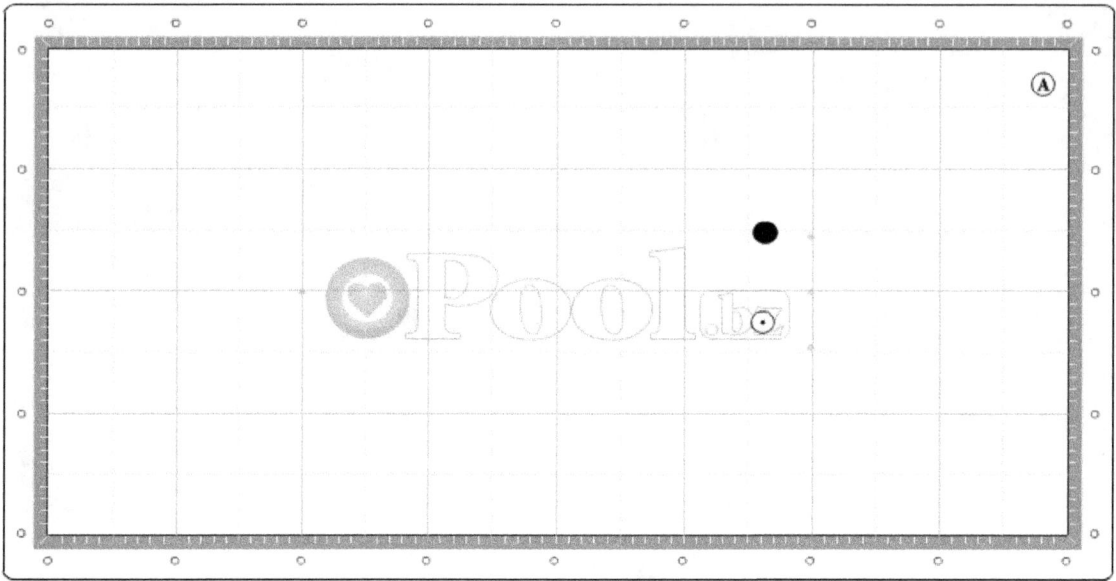

Opmerkingen en ideeën:

Schotpatroon

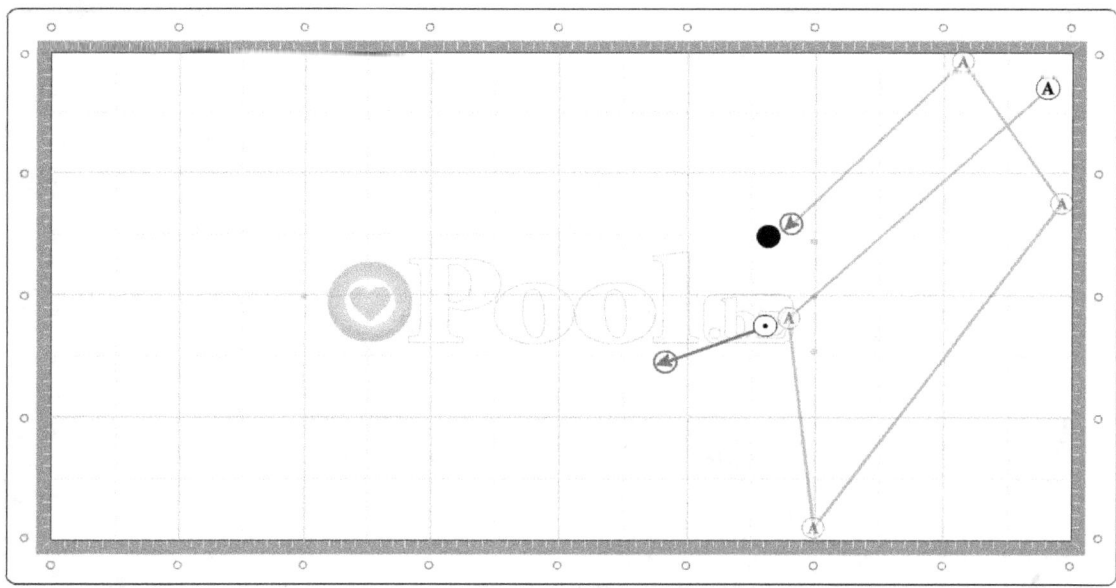

D:6d – Opstelling

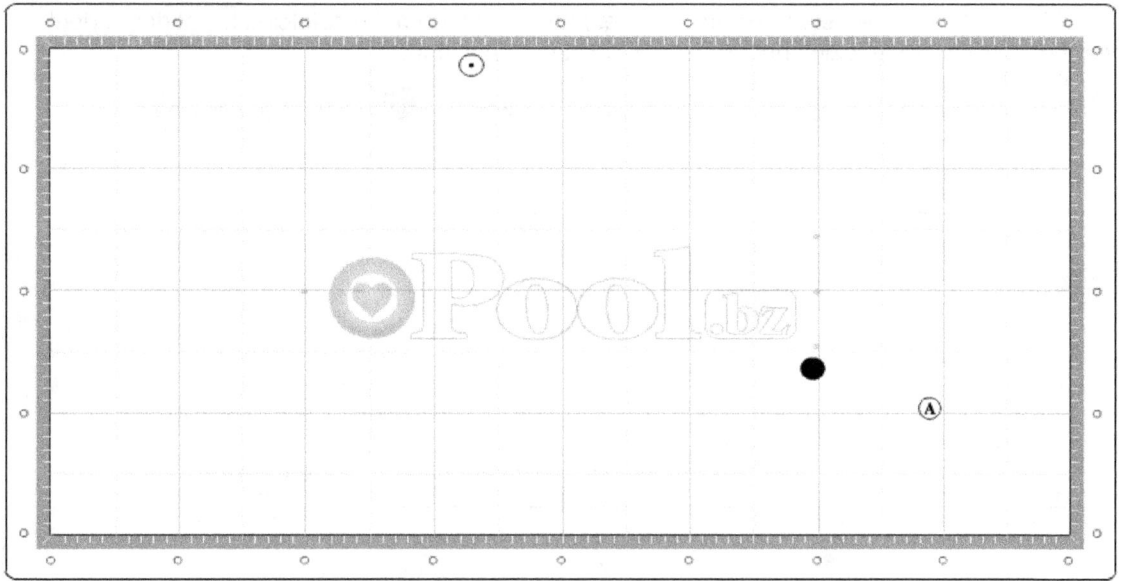

Opmerkingen en ideeën:

Schotpatroon

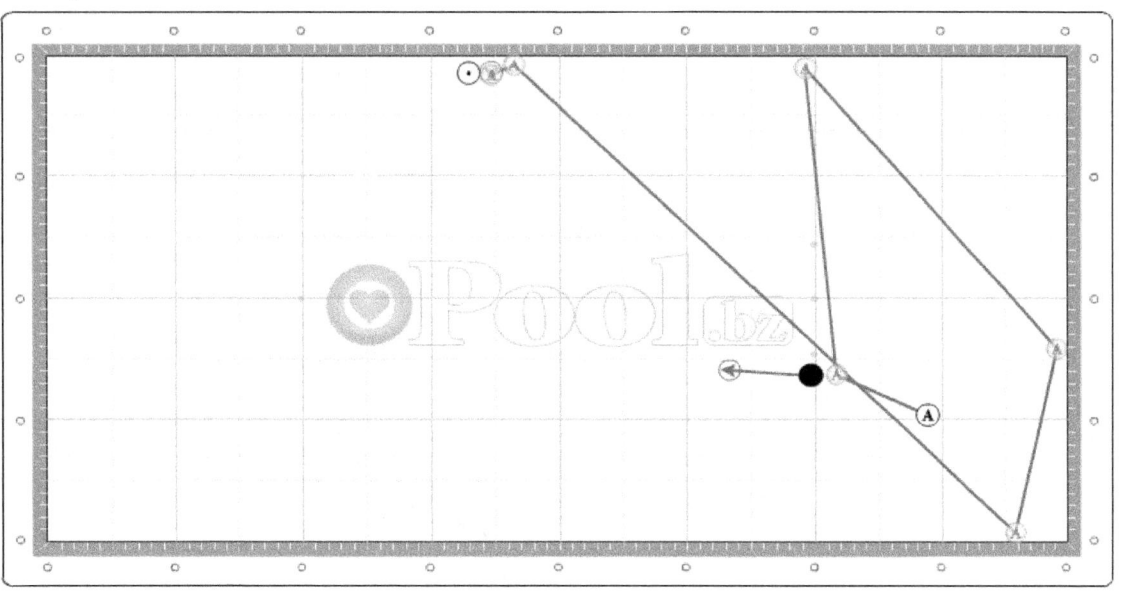

E: Verlengde poot

De (CB) komt van de eerste (OB) en volgt het patroon van de halve tafelcirkel. Het derde deel van het patroon bevindt zich buiten het gebied van de halve tafel

Ⓐ (CB) (uw biljartbal) – ⊙ (OB) (tegenstander biljartbal) – ● (OB) (rode biljartbal)

E: Groep 1

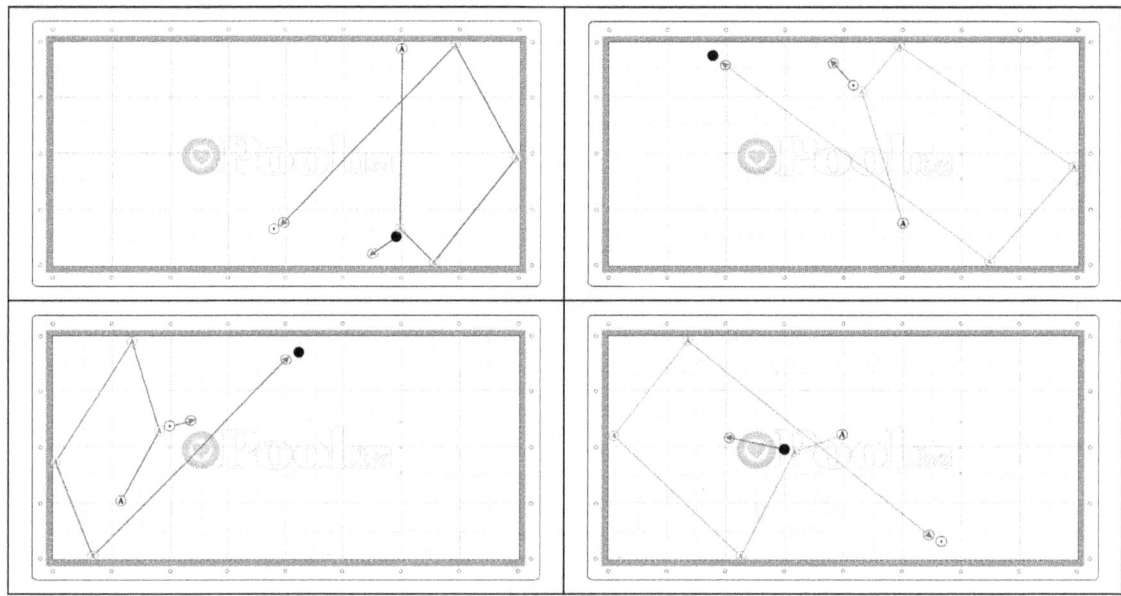

Analyse:

E:1a. _____

E:1b. _____

E:1c. _____

E:1d. _____

E:1a – Opstelling

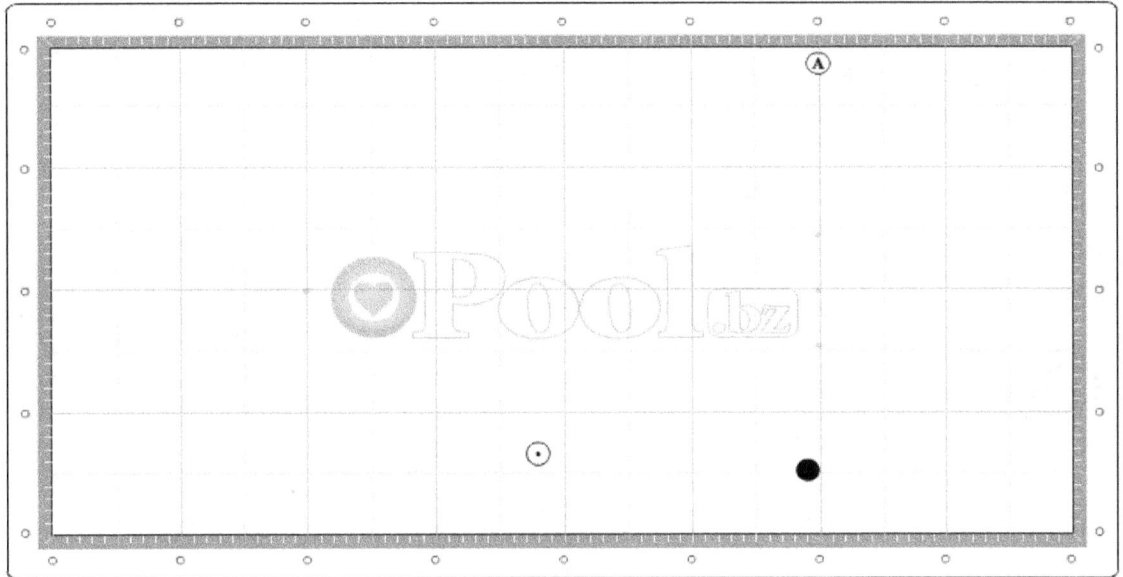

Opmerkingen en ideeën:

Schotpatroon

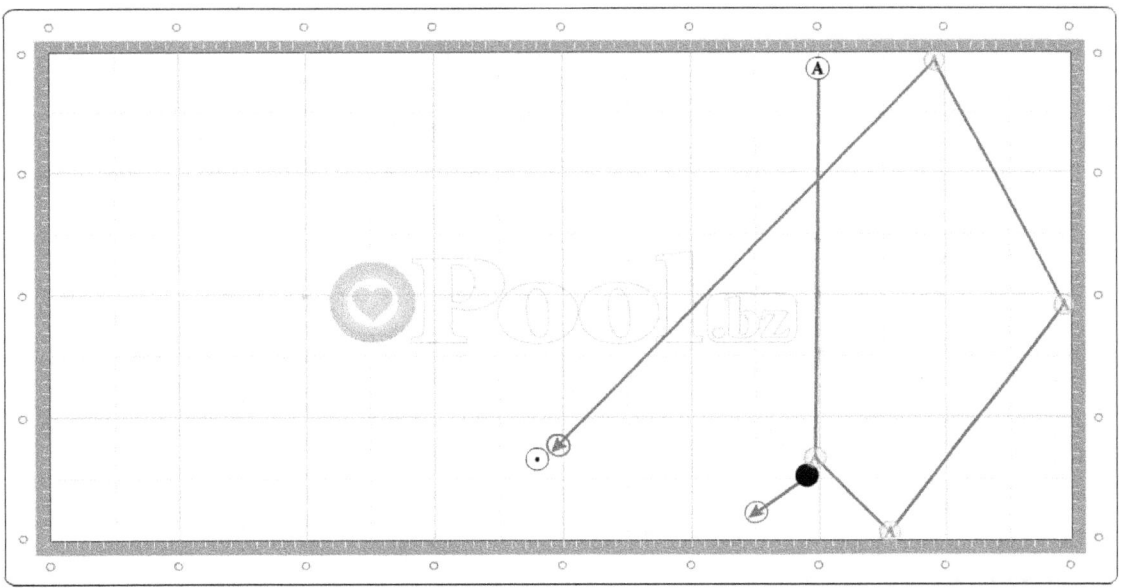

E:1b – Opstelling

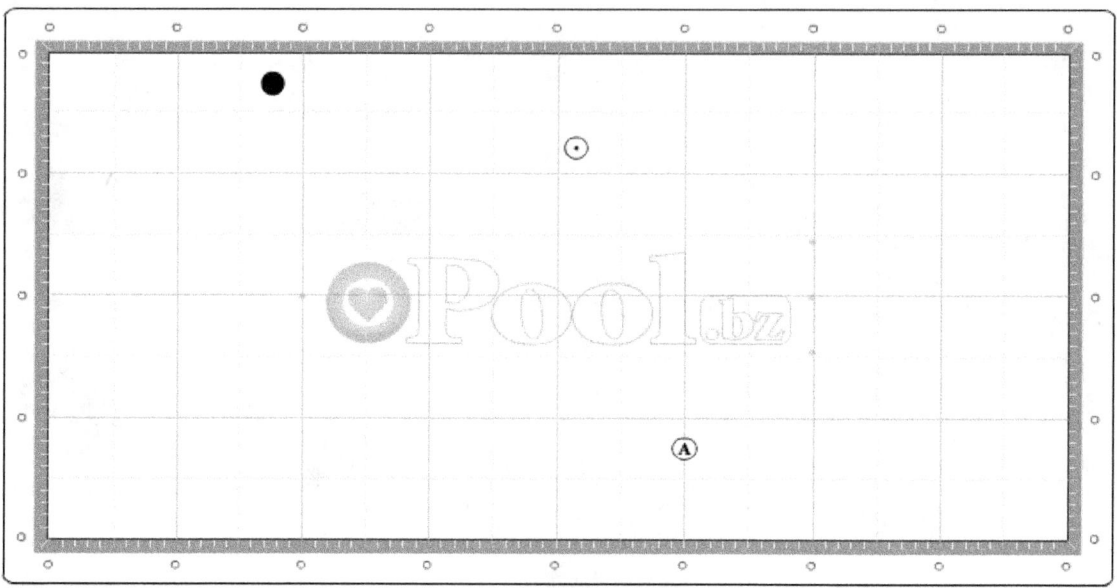

Opmerkingen en ideeën:

Schotpatroon

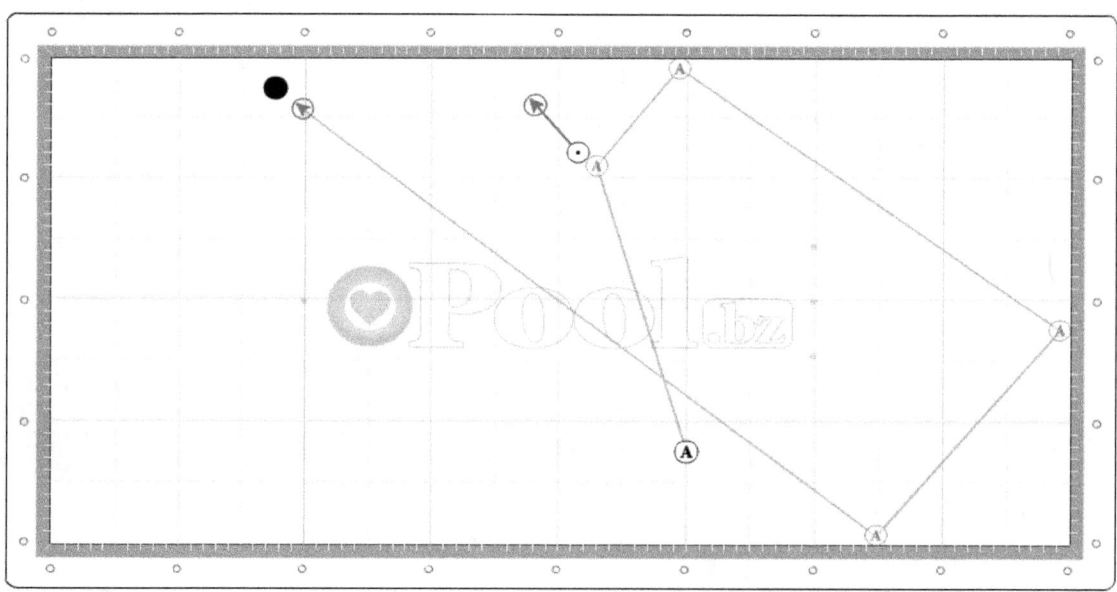

E:1c – Opstelling

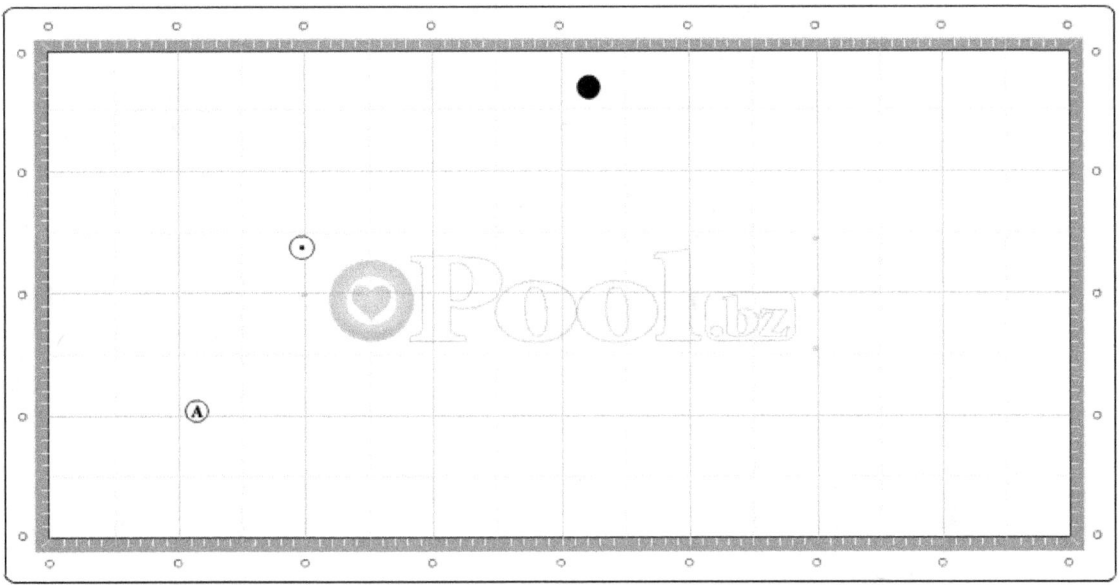

Opmerkingen en ideeën:

Schotpatroon

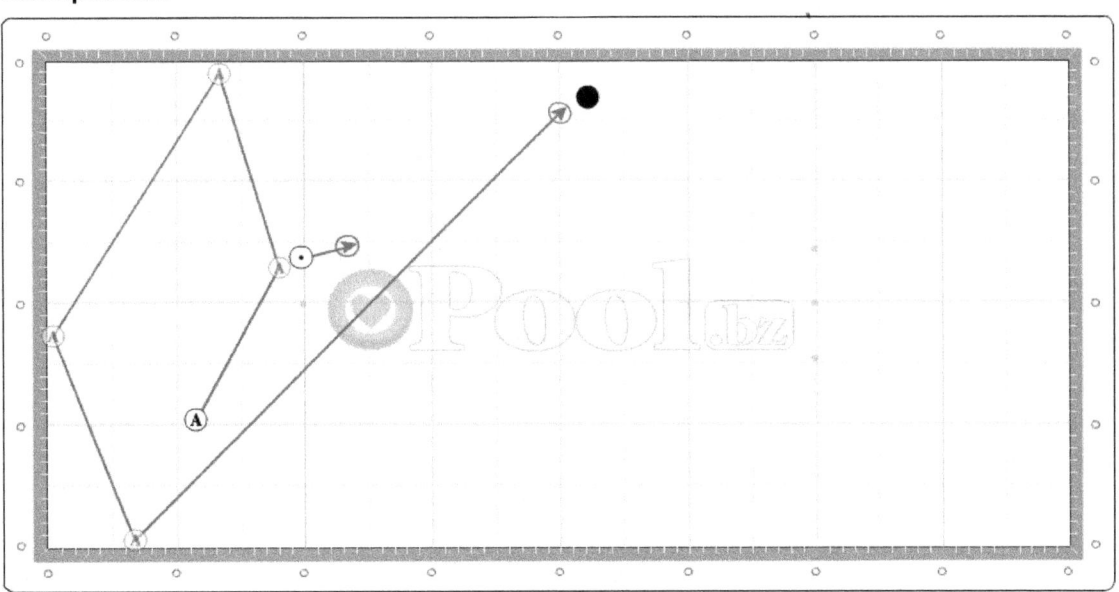

E:1d – Opstelling

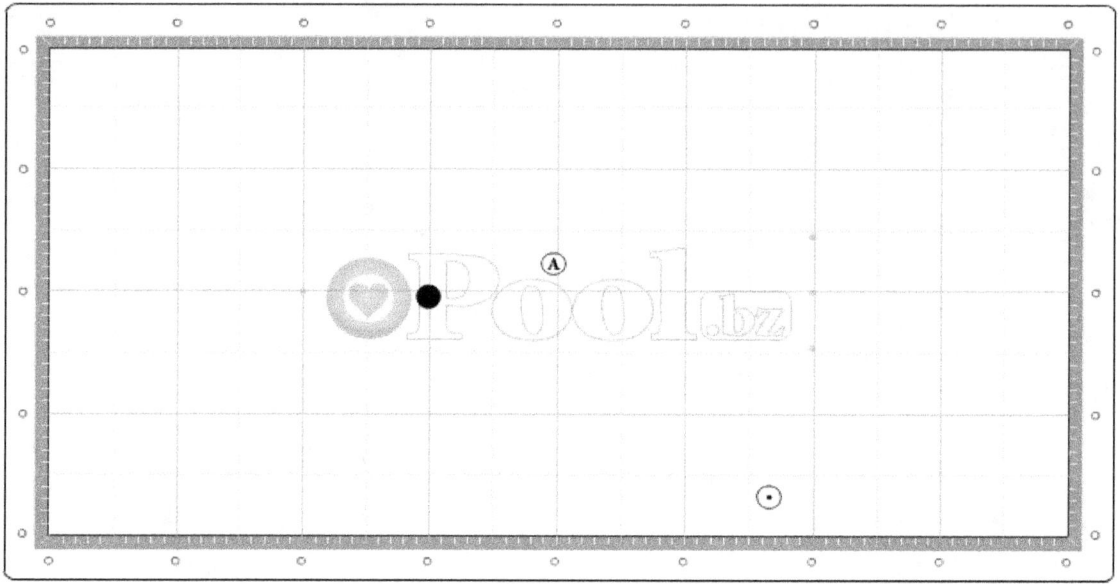

Opmerkingen en ideeën:

Schotpatroon

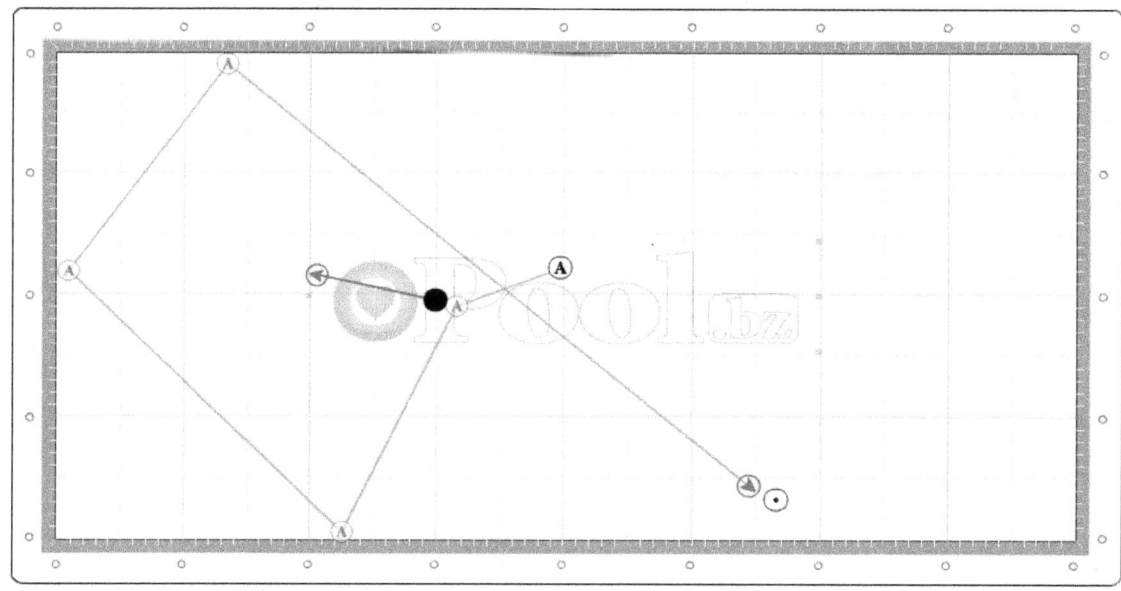

E: Groep 2

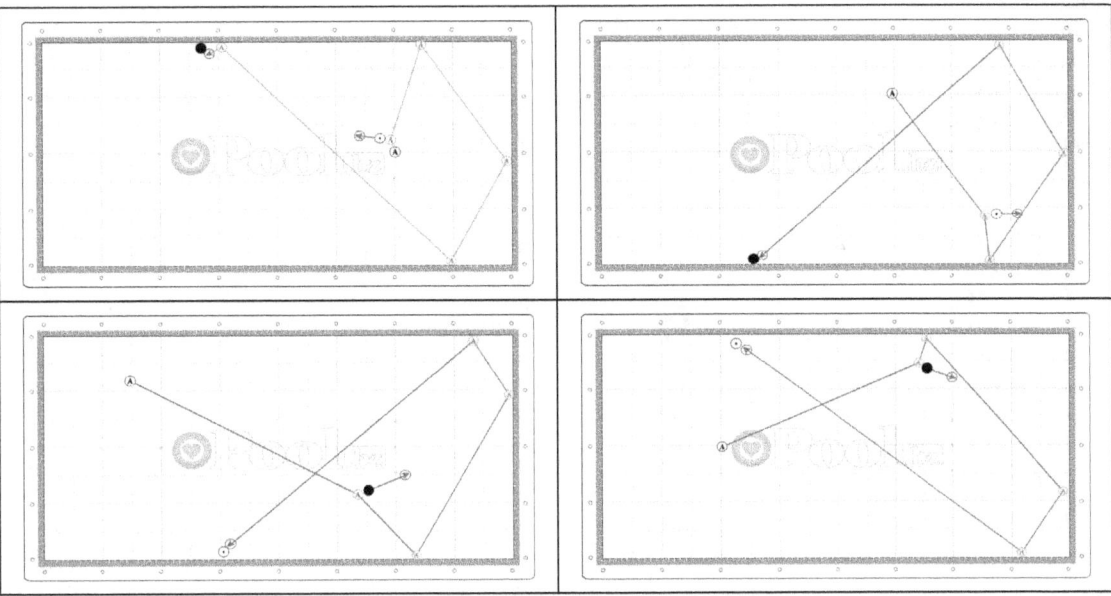

Analyse:

E:2a. _____

E:2b. _____

E:2c. _____

E:2d. _____

E:2a – Opstelling

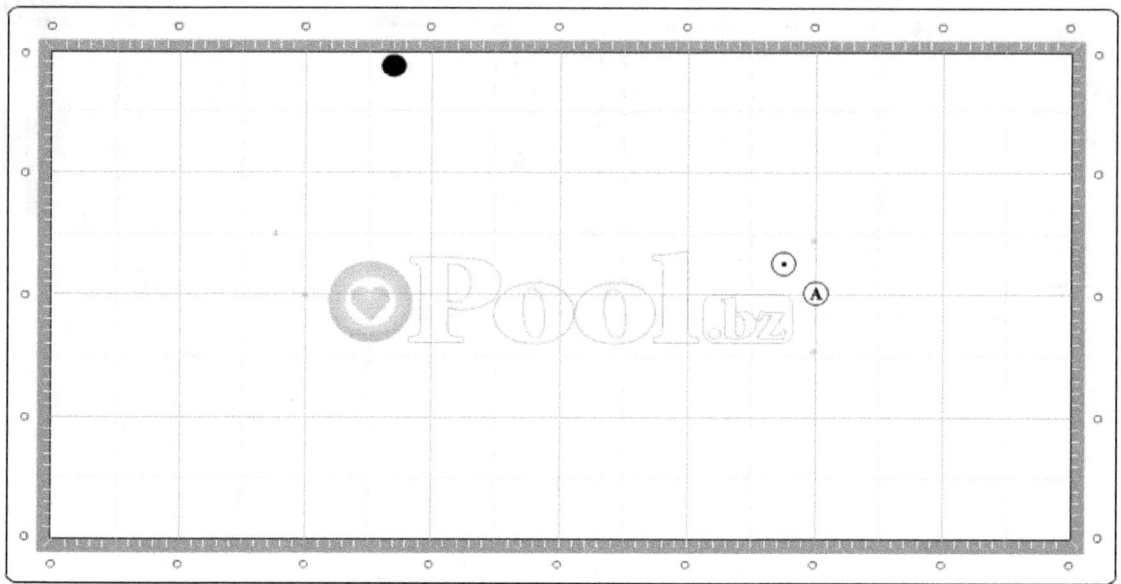

Opmerkingen en ideeën:

Schotpatroon

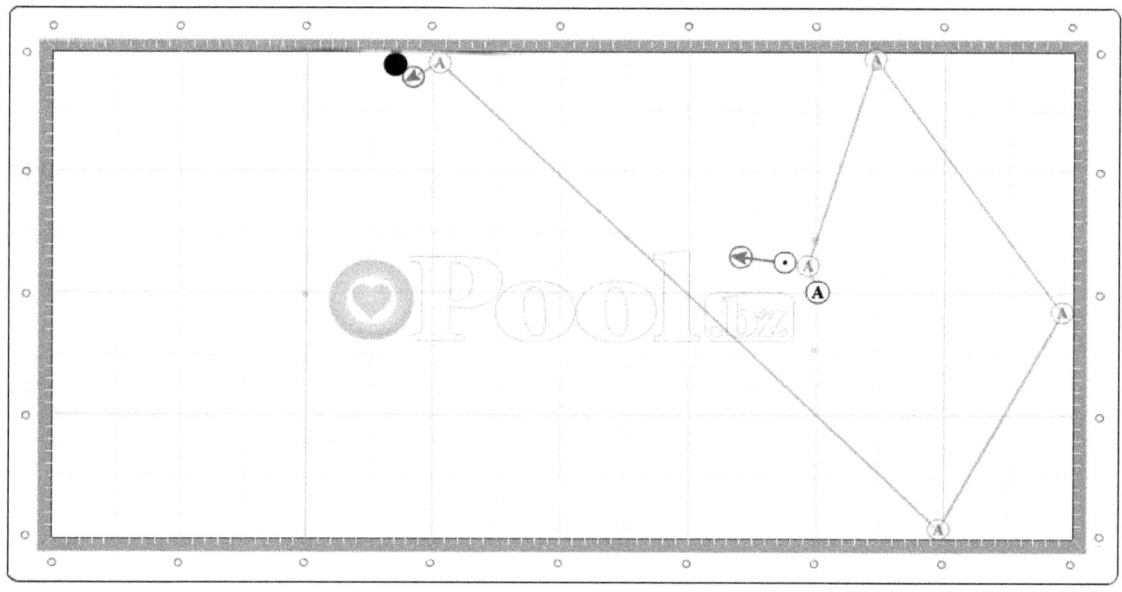

E:2b – Opstelling

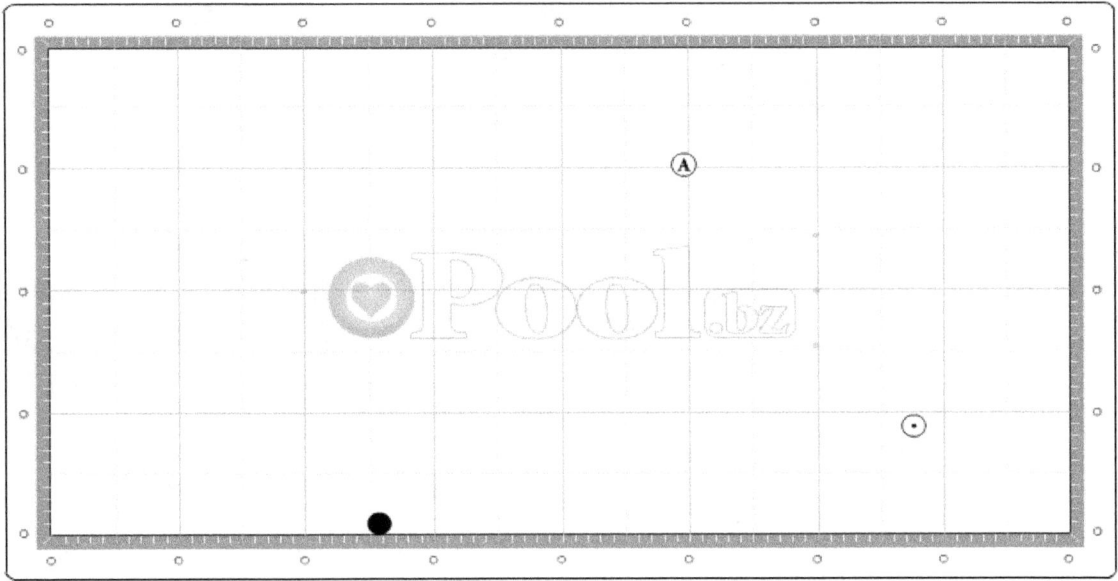

Opmerkingen en ideeën:

Schotpatroon

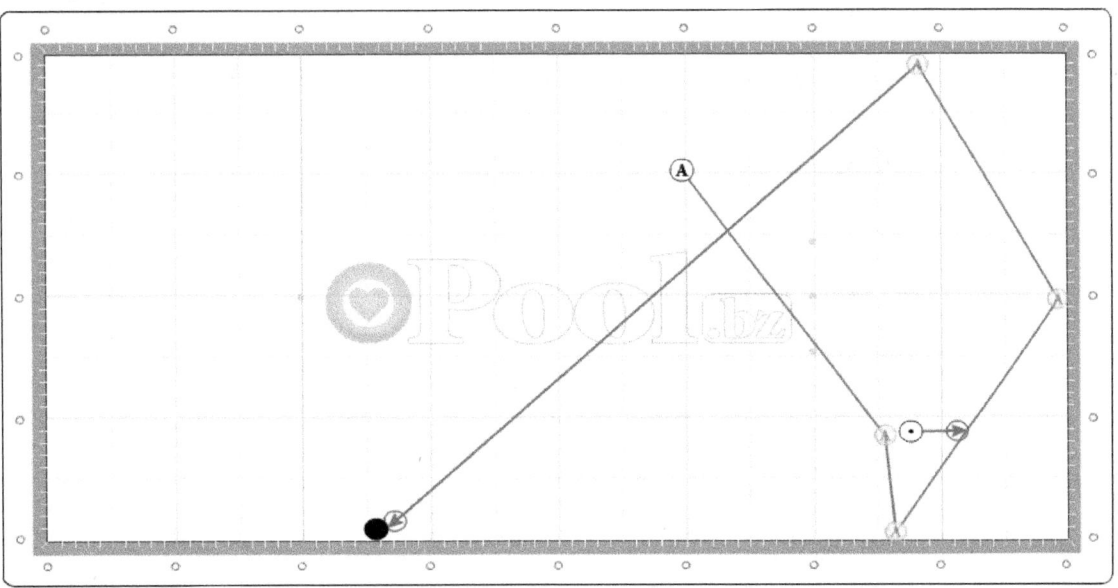

E:2c – Opstelling

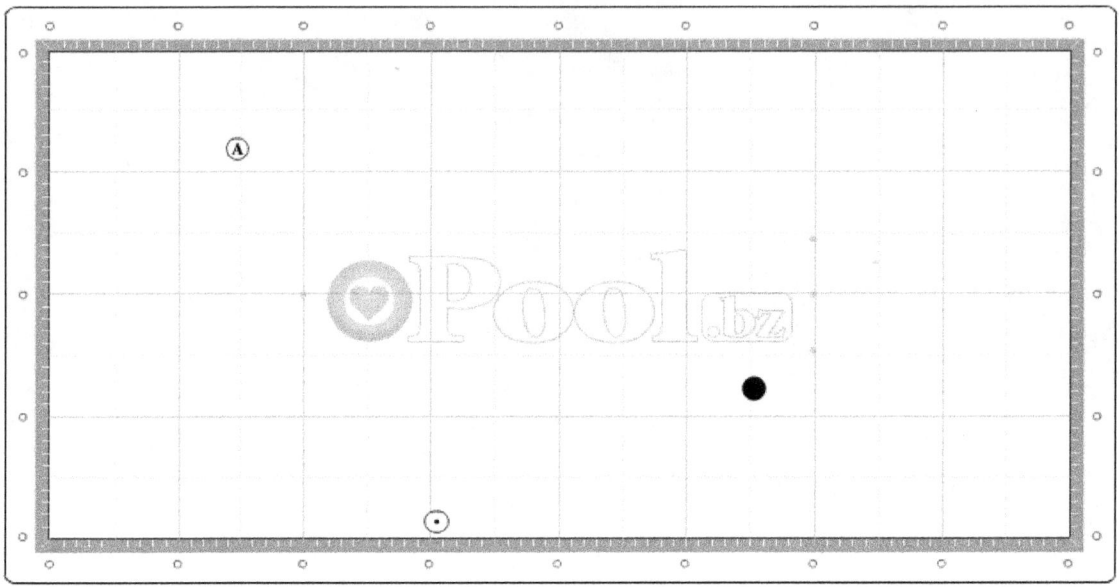

Opmerkingen en ideeën:

Schotpatroon

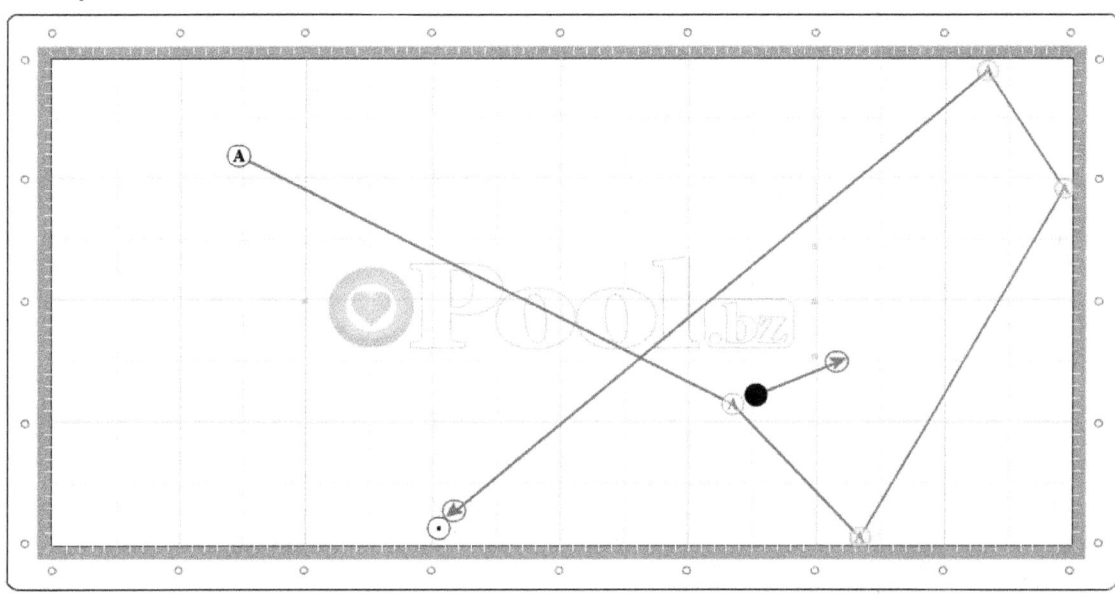

E:2d – Opstelling

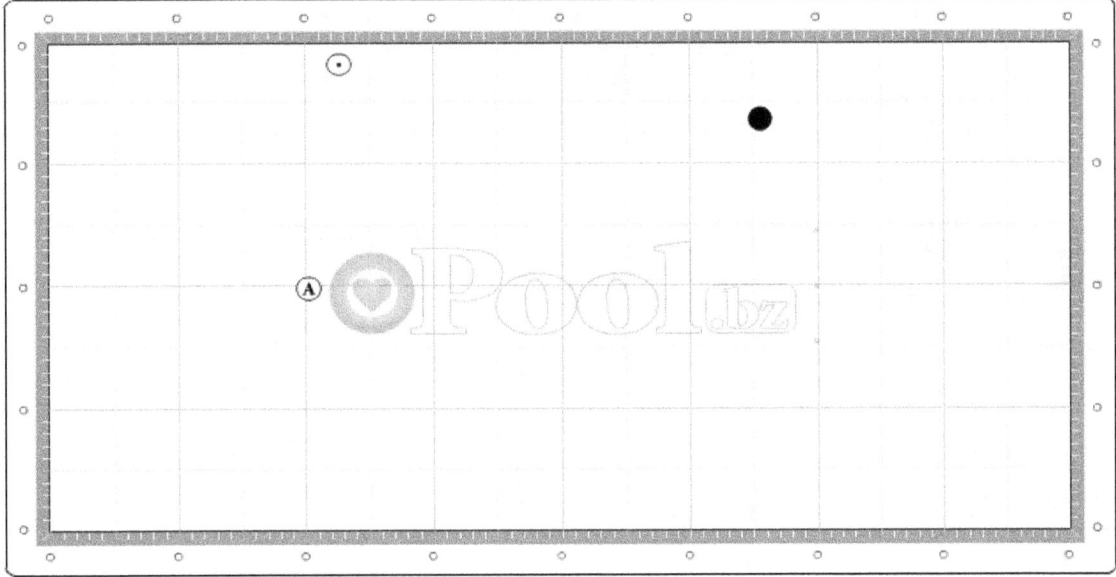

Opmerkingen en ideeën:

Schotpatroon

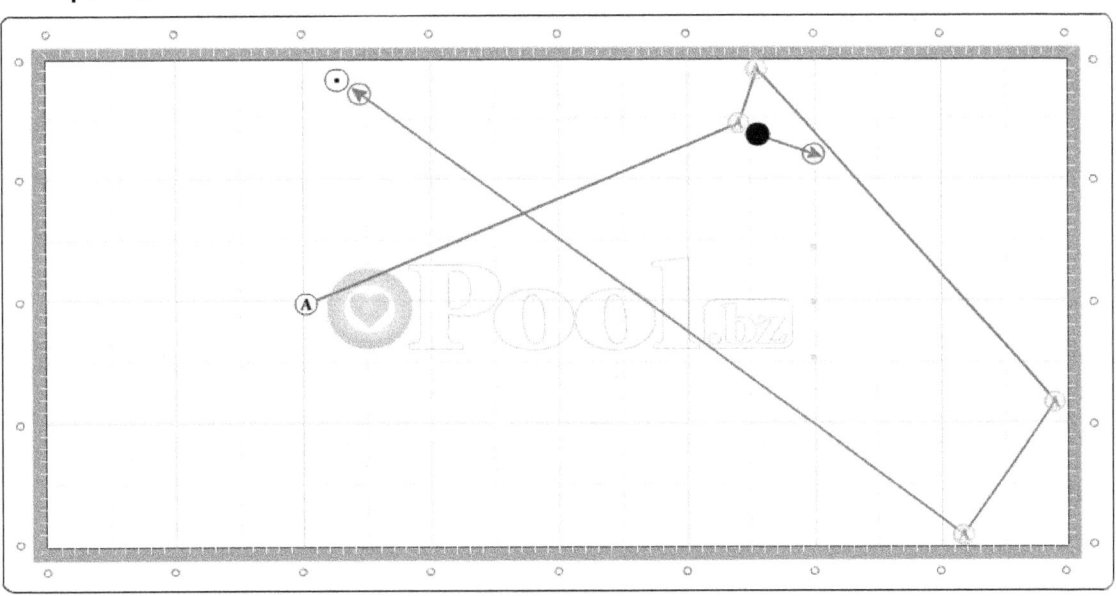

F: Verlengd been (extra lang)

De (CB) komt van de eerste (OB) en volgt het normale patroon van de halve tafelcirkel. De (CB) reist naar de andere helft van de tafel. Deze voorbeelden tonen de (CB) in het lange biljartbandenen vervolgens in het andere uiteinde van de tabel voor de tweede (OB).

Ⓐ (CB) (uw biljartbal) – ⊙ (OB) (tegenstander biljartbal) – ● (OB) (rode biljartbal)

F: Groep 1

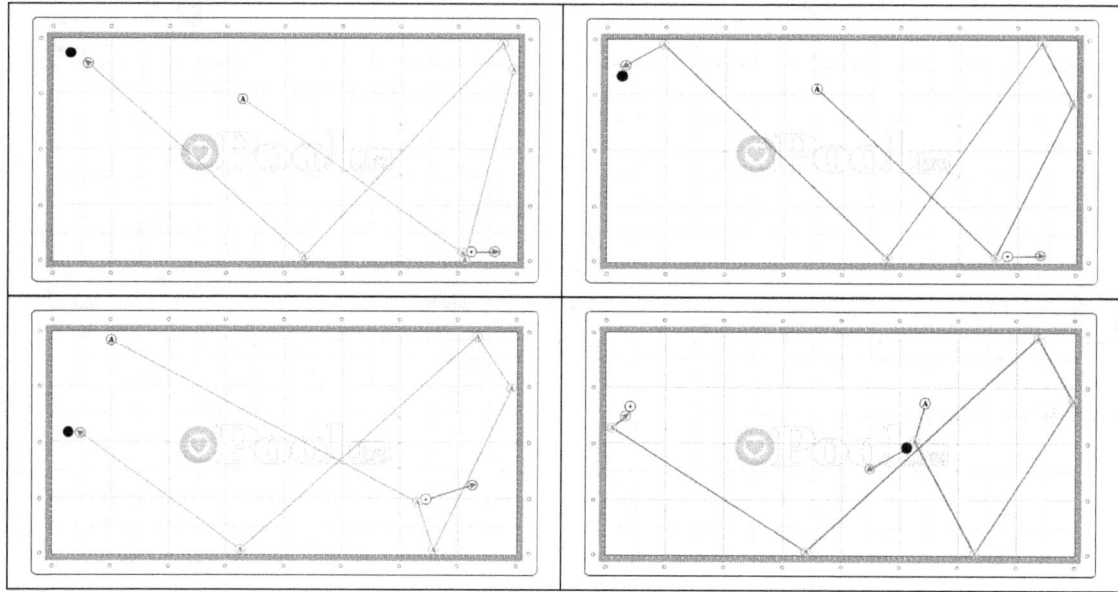

Analyse:

F:1a. _____

F:1b. _____

F:1c. _____

F:1d. _____

F:1a – Opstelling

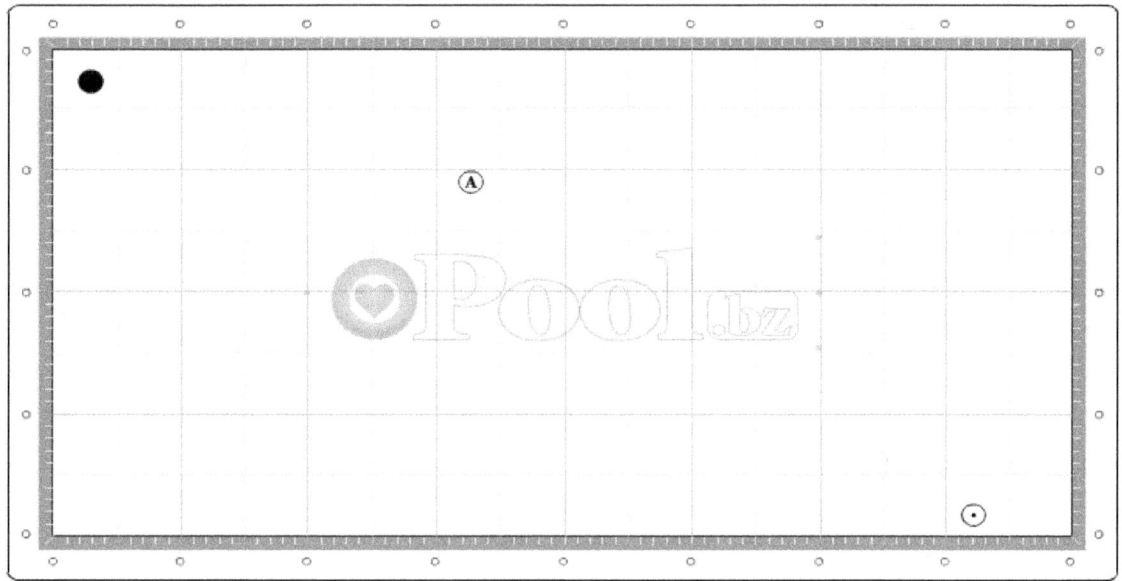

Opmerkingen en ideeën:

Schotpatroon

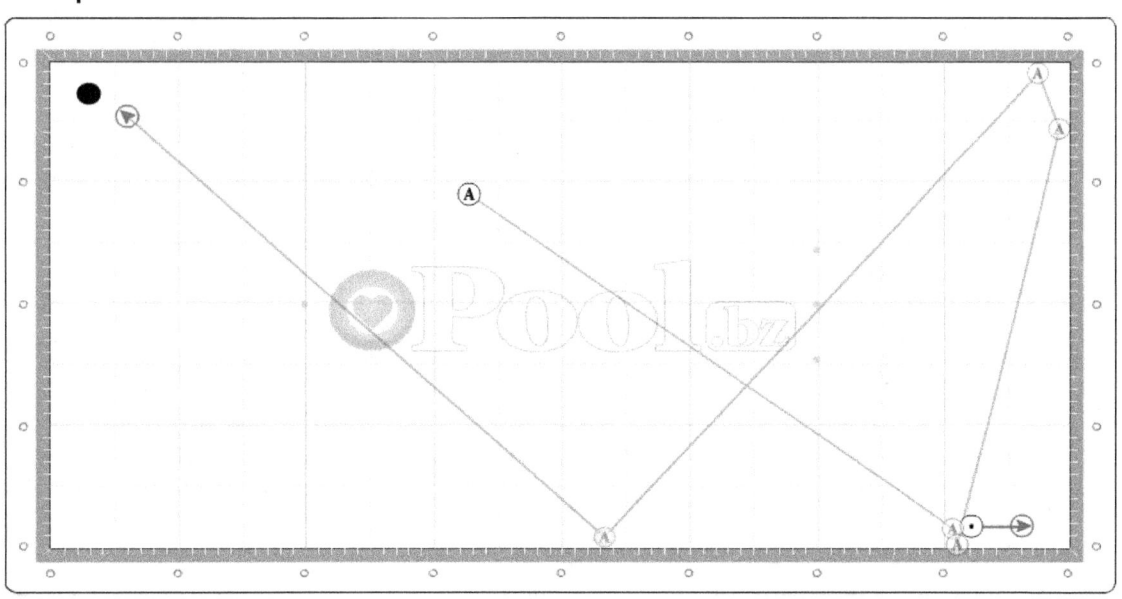

F:1b – Opstelling

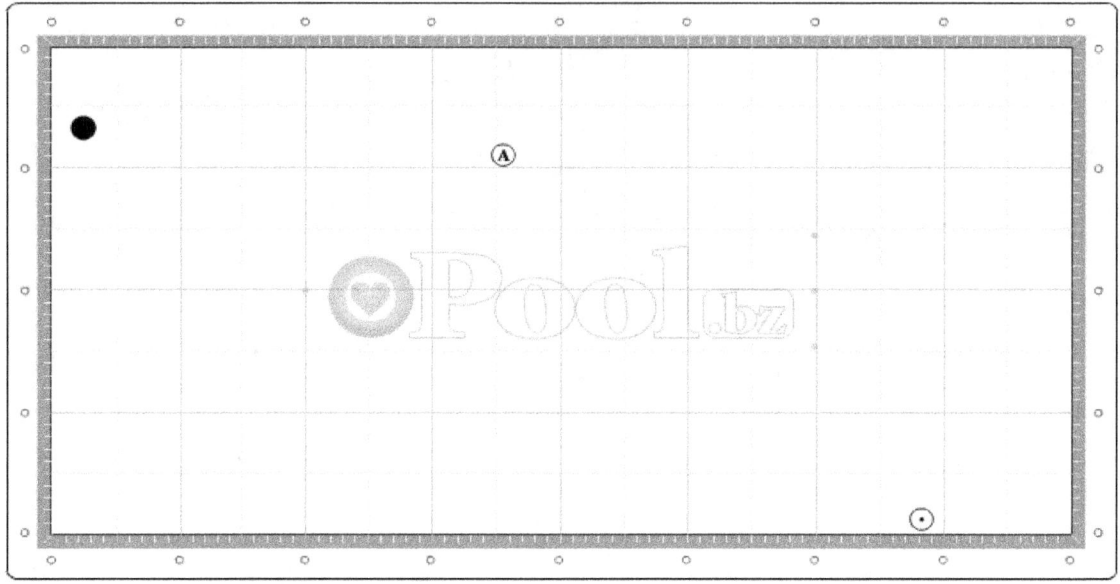

Opmerkingen en ideeën:

Schotpatroon

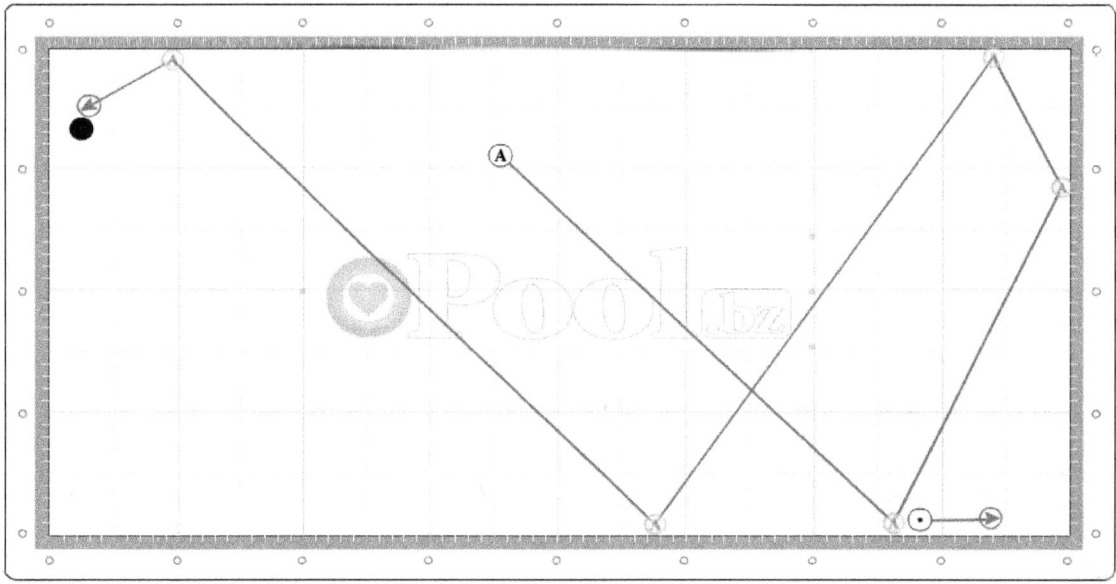

F:1c – Opstelling

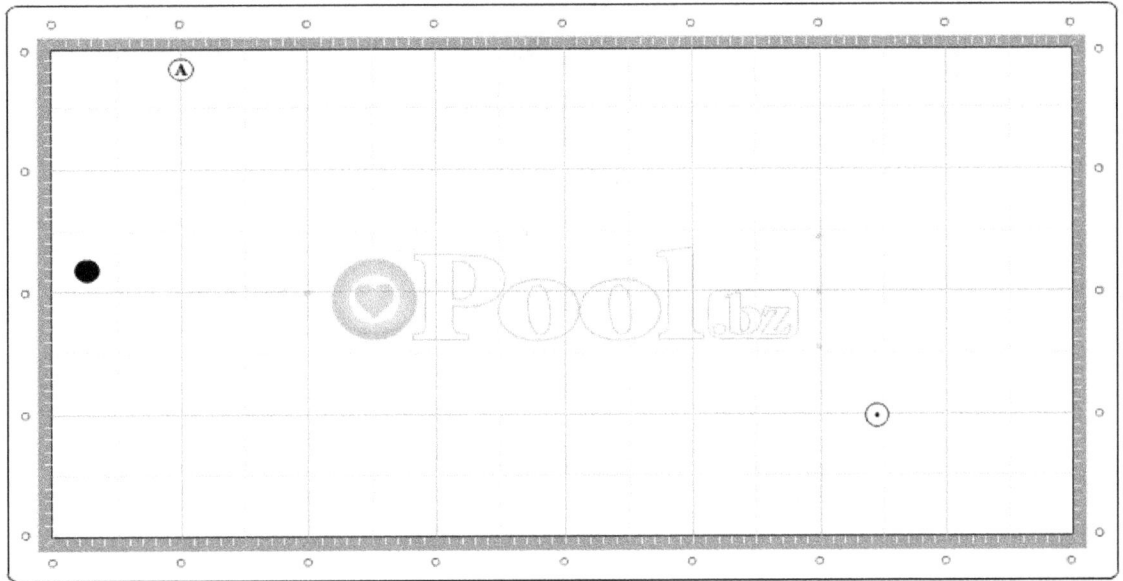

Opmerkingen en ideeën:

Schotpatroon

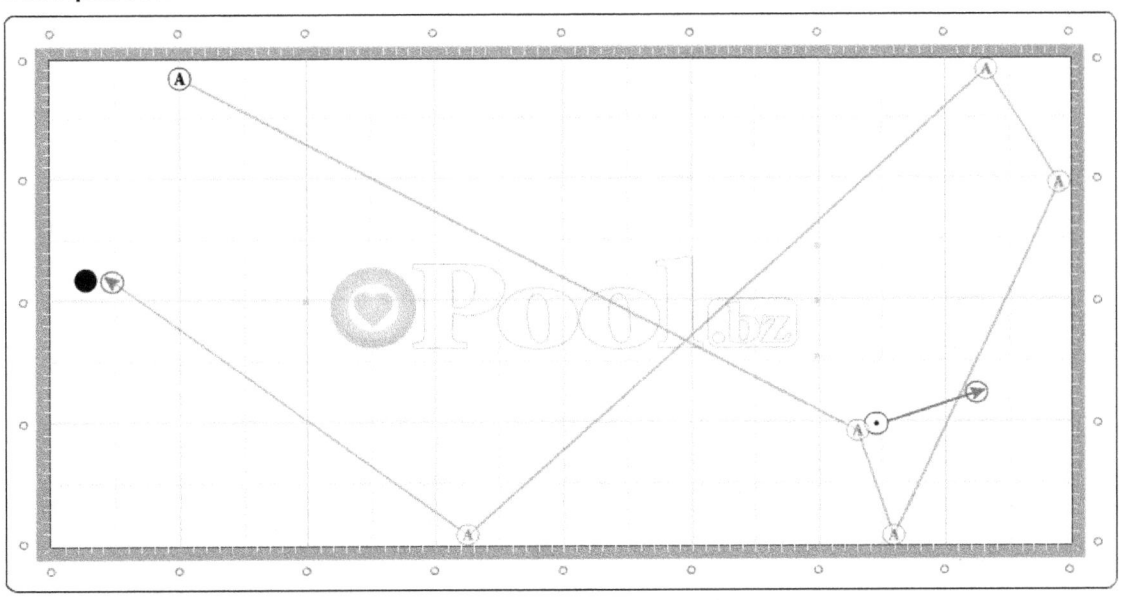

F:1d – Opstelling

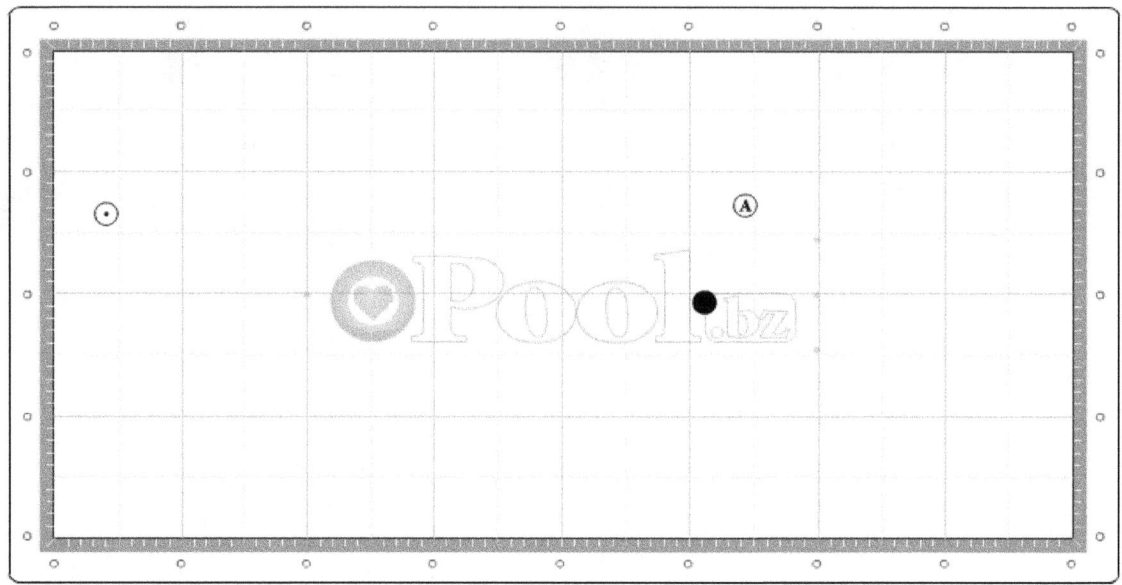

Opmerkingen en ideeën:

Schotpatroon

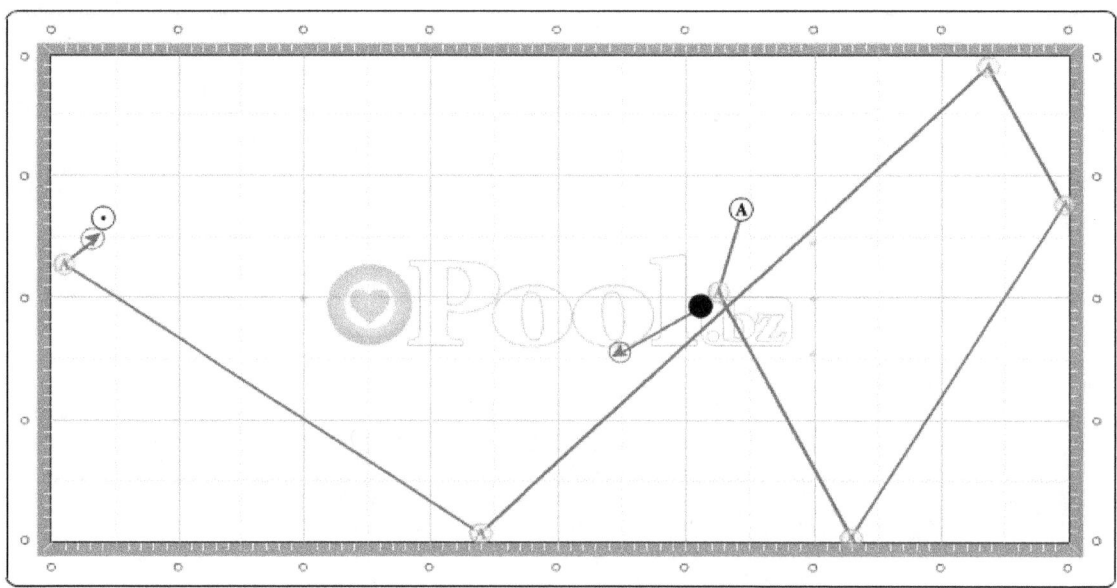

F: Groep 2

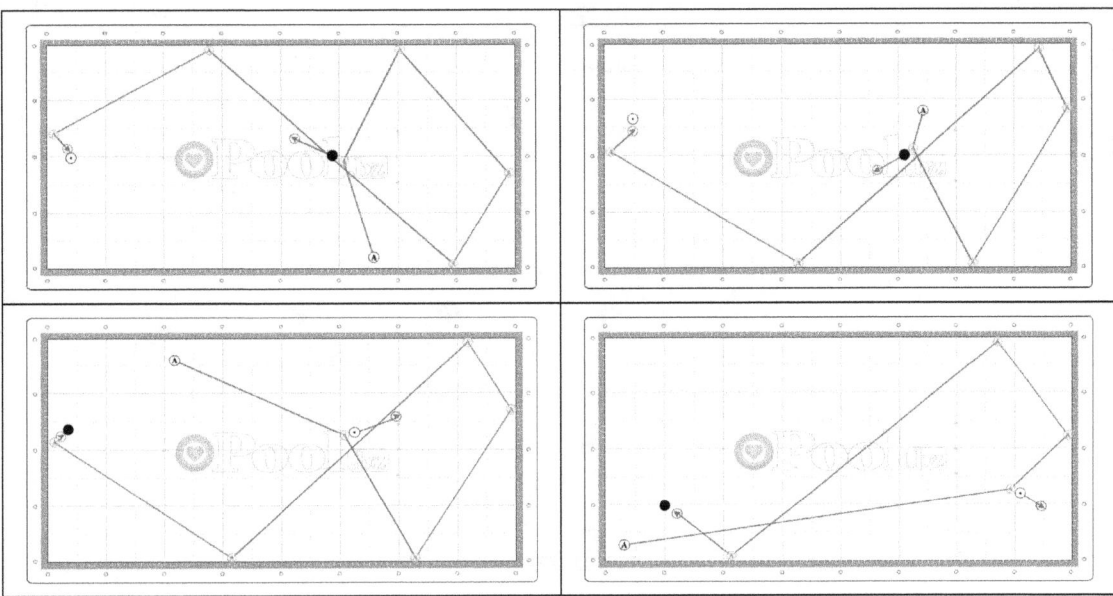

Analyse:

F:2a. _____

F:2b. _____

F:2c. _____

F:2d. _____

F:2a – Opstelling

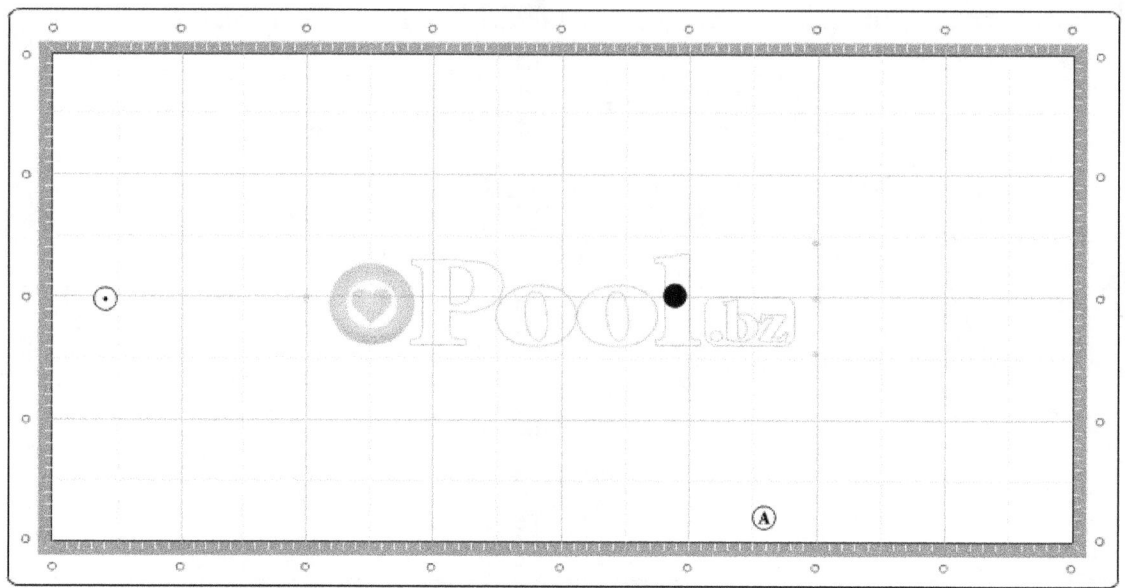

Opmerkingen en ideeën:

Schotpatroon

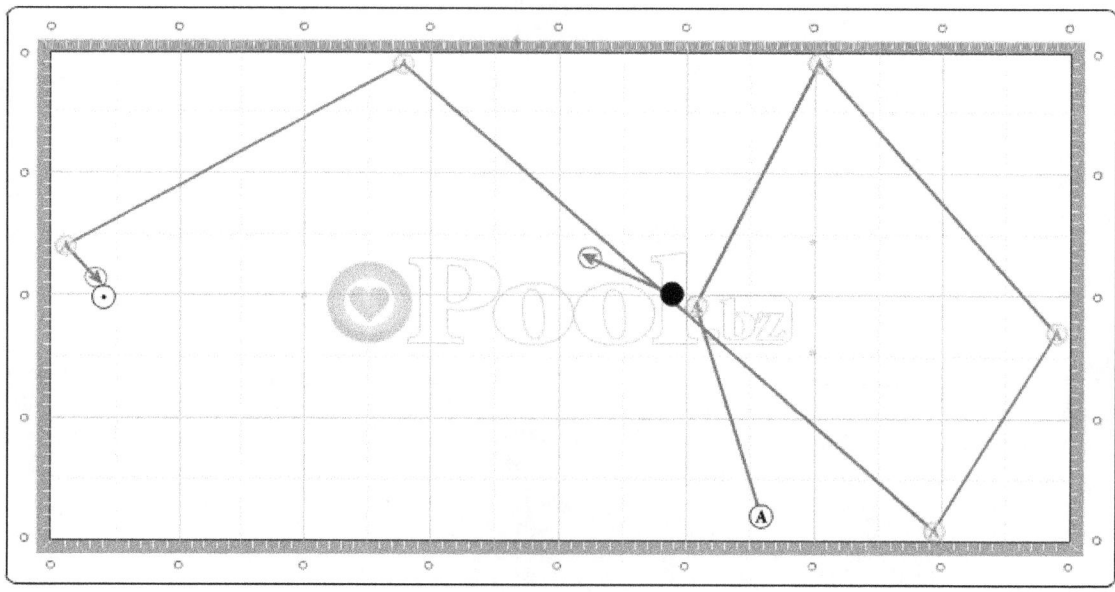

F:2b – Opstelling

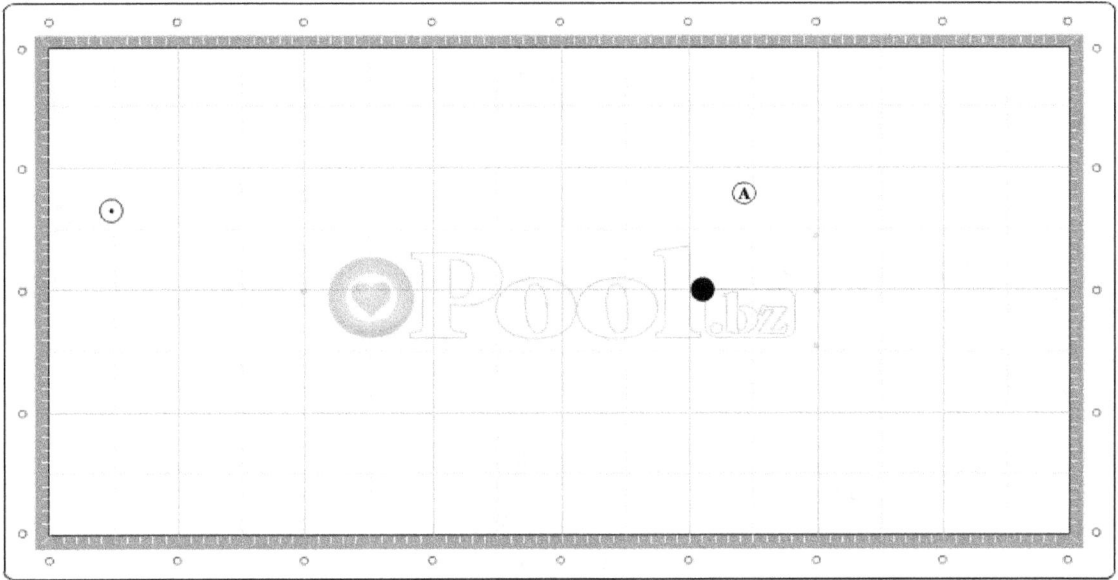

Opmerkingen en ideeën:

Schotpatroon

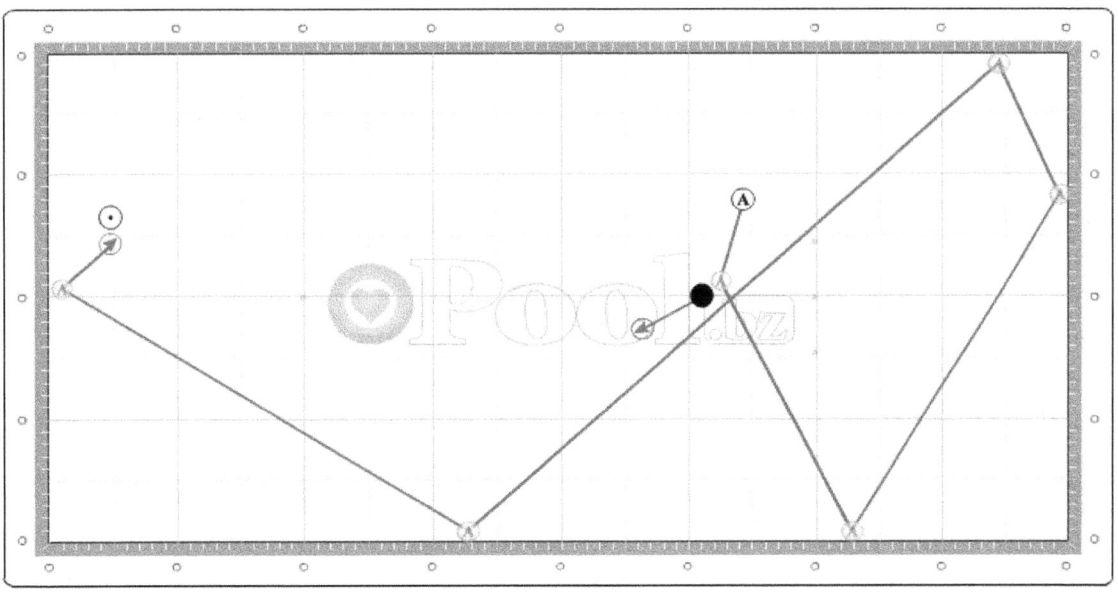

F:2c – Opstelling

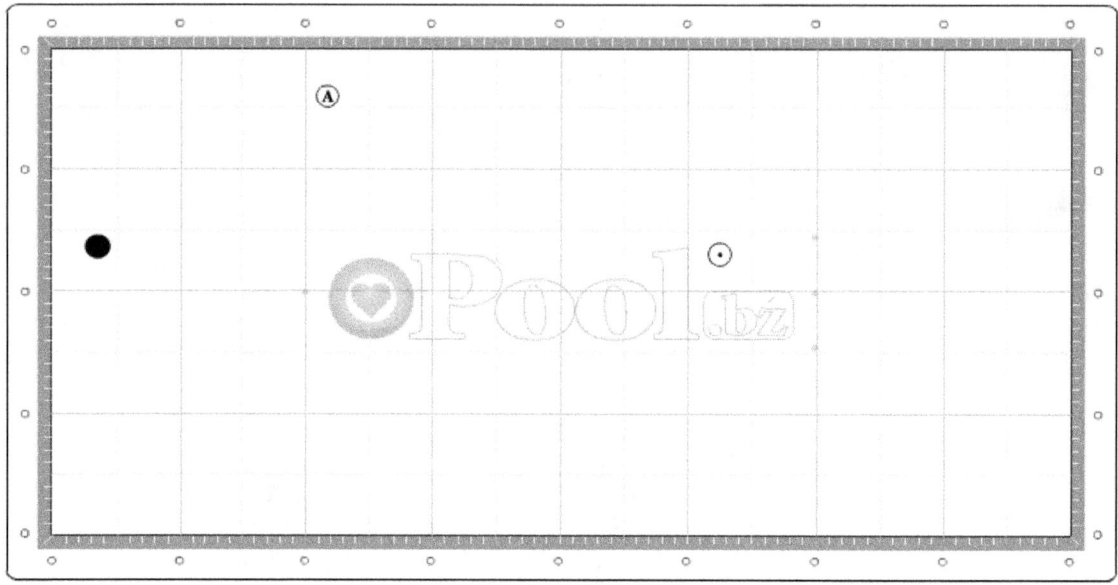

Opmerkingen en ideeën:

Schotpatroon

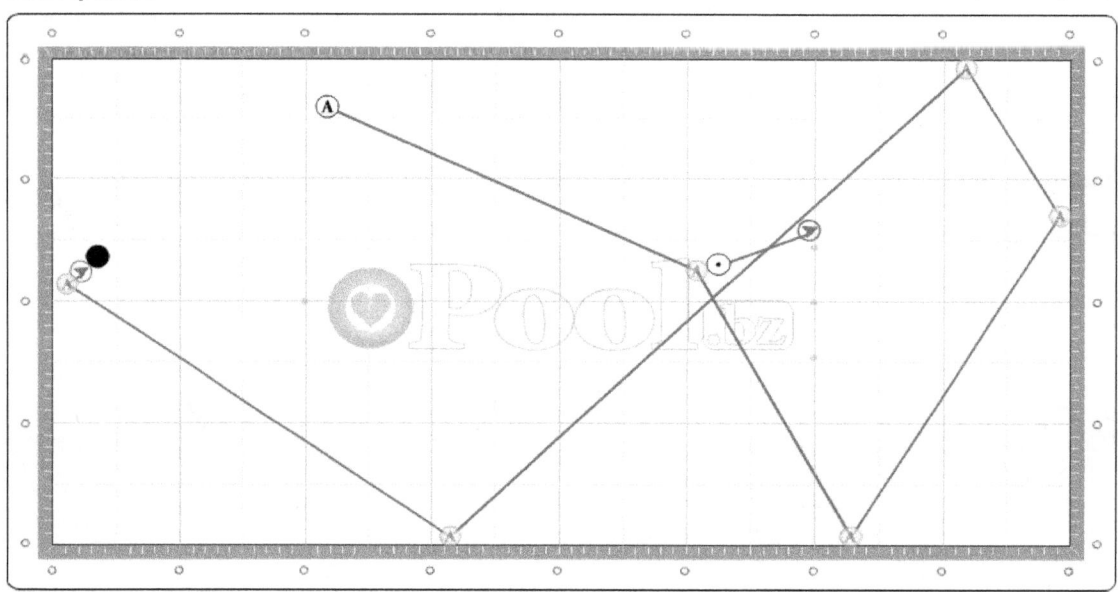

F:2d – Opstelling

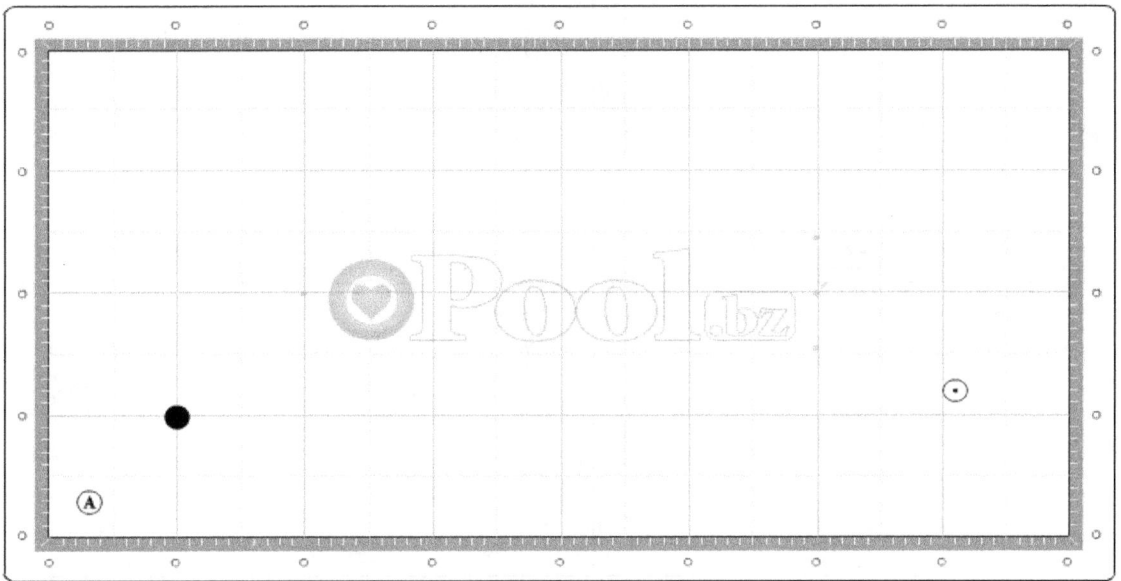

Opmerkingen en ideeën:

Schotpatroon

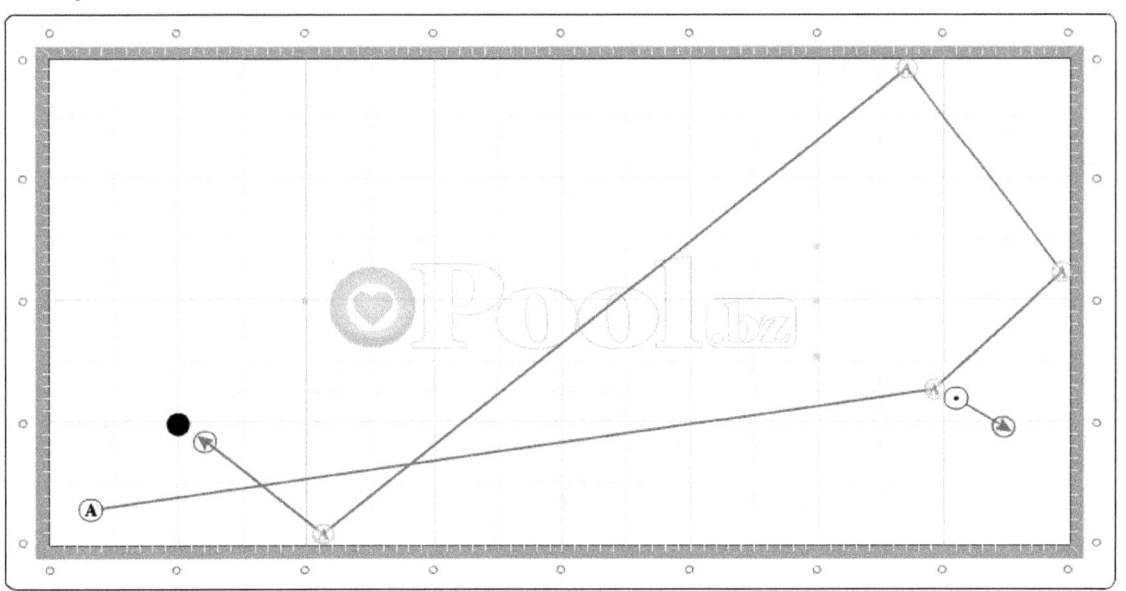

F: Groep 3

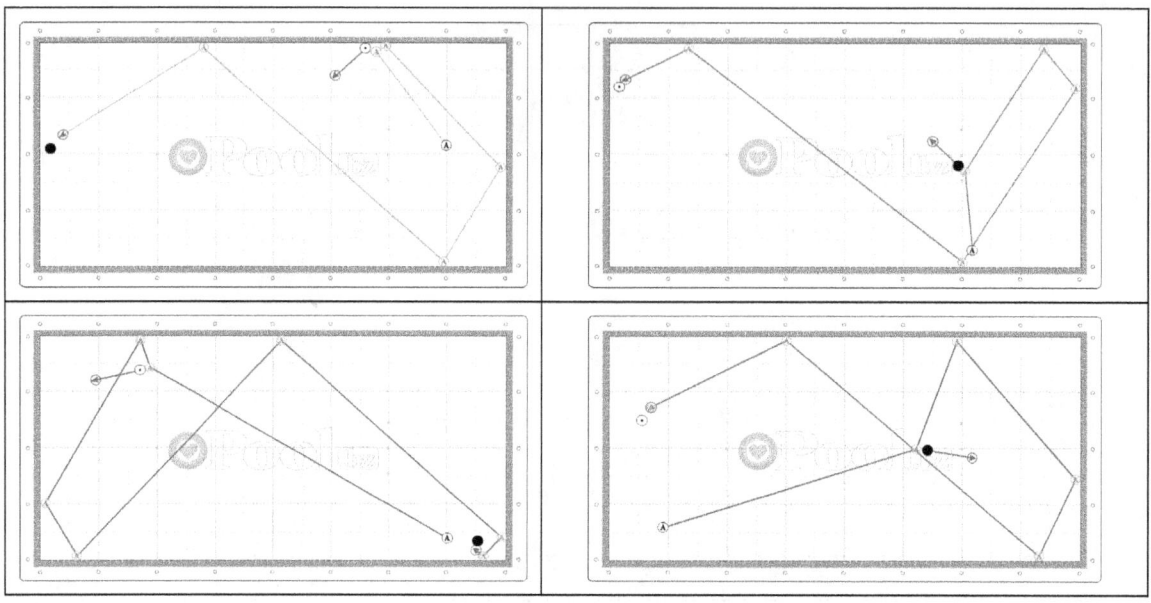

Analyse:

F:3a. _____

F:3b. _____

F:3c. _____

F:3d. _____

F:3a – Opstelling

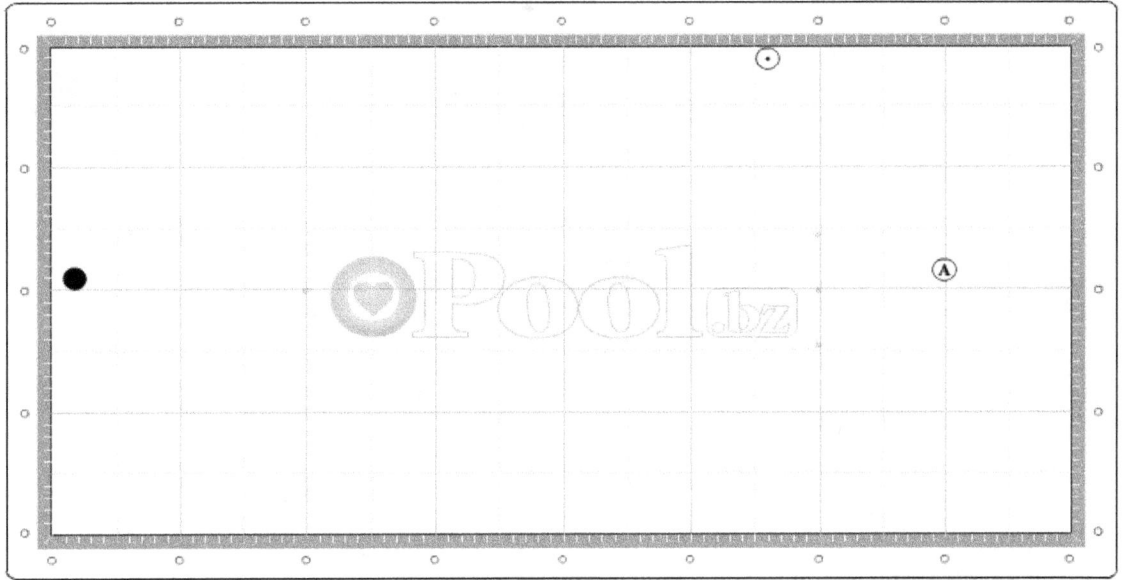

Opmerkingen en ideeën:

Shot Patter

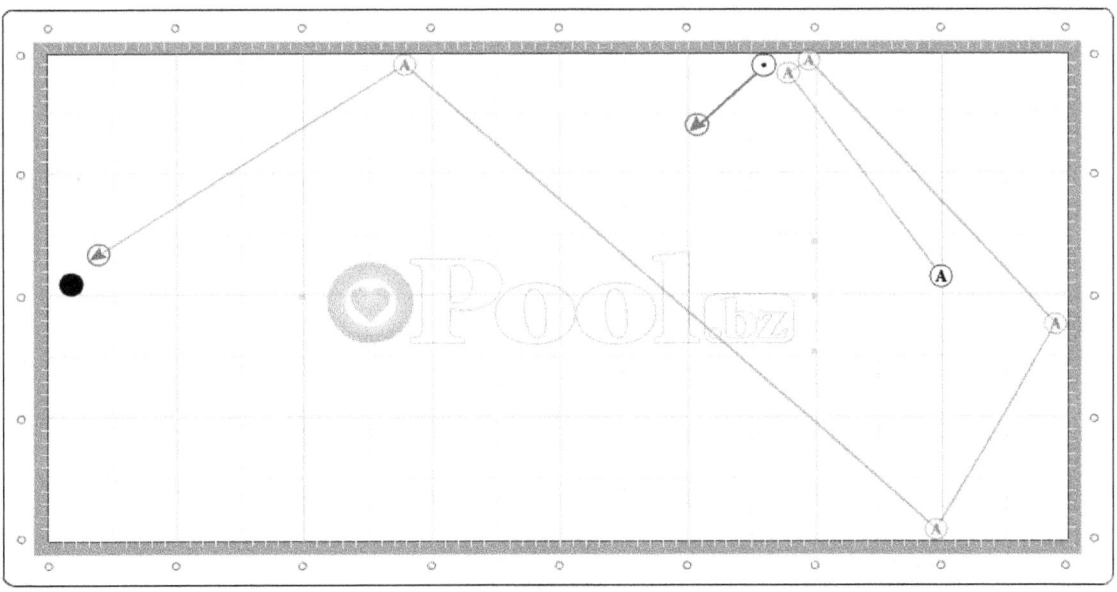

F:3b – Opstelling

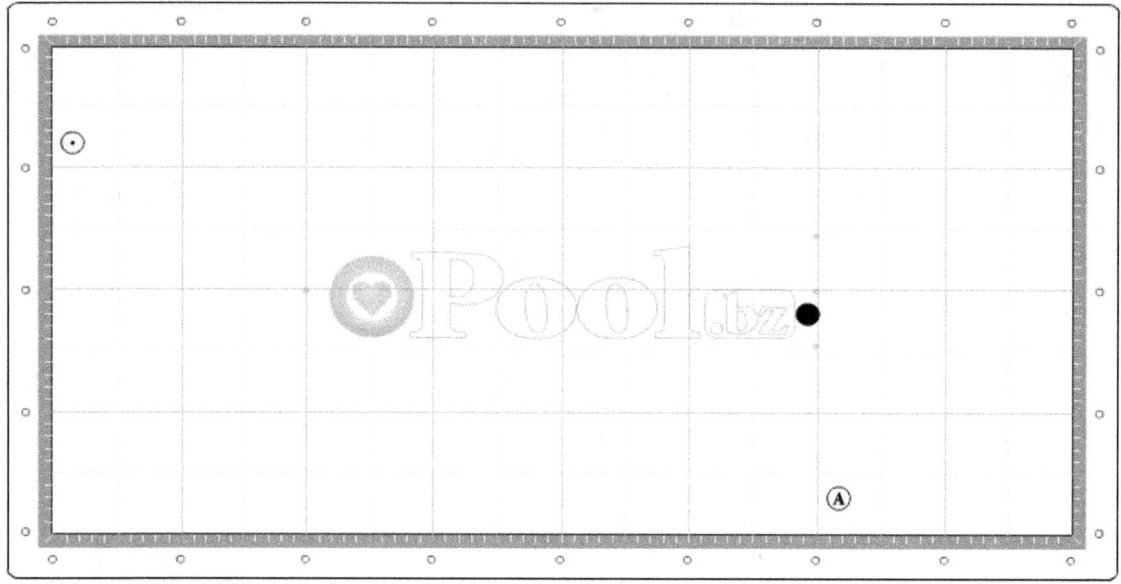

Opmerkingen en ideeën:

Schotpatroon

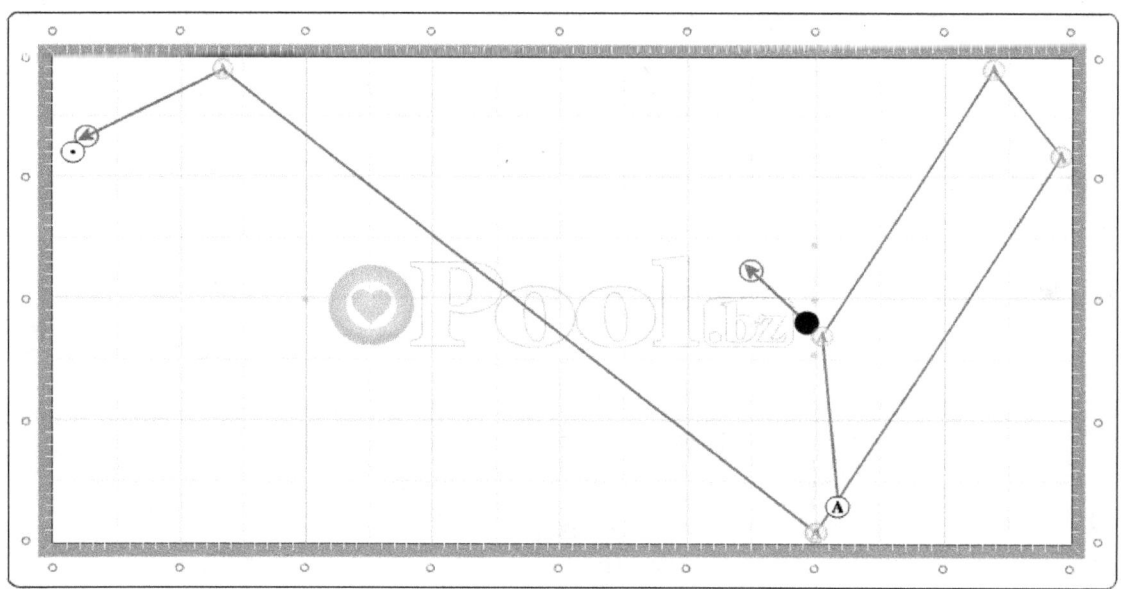

F:3c – Opstelling

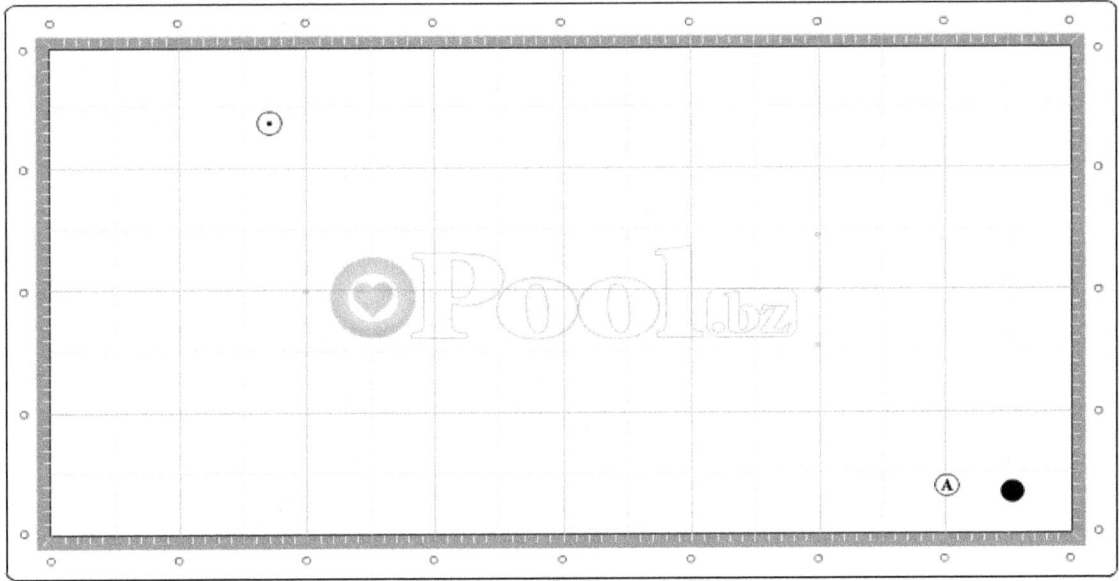

Opmerkingen en ideeën:

Schotpatroon

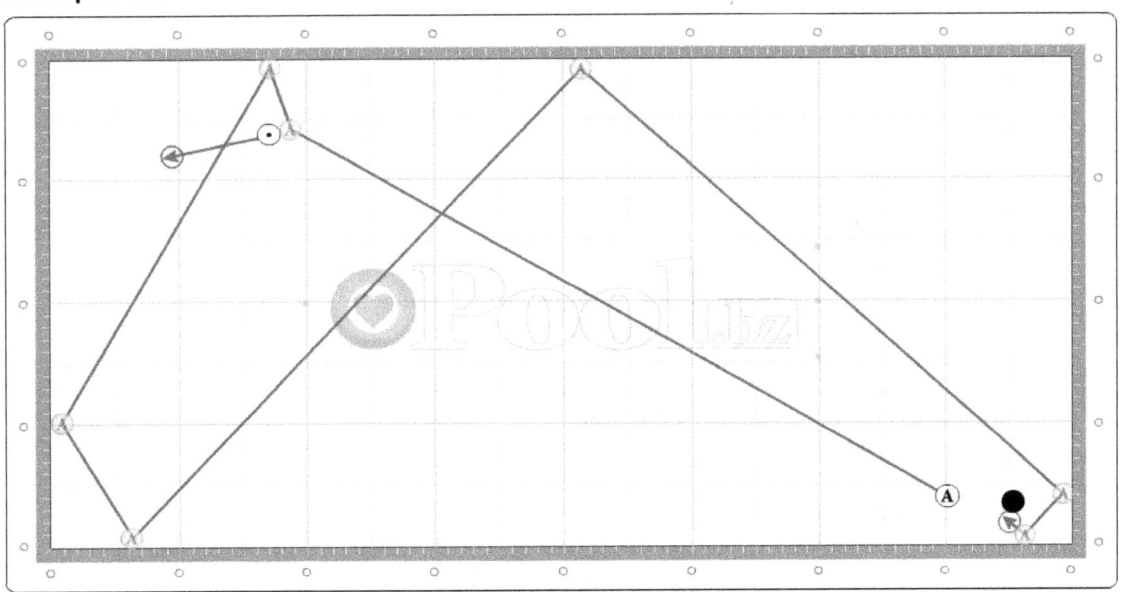

F:3d – Opstelling

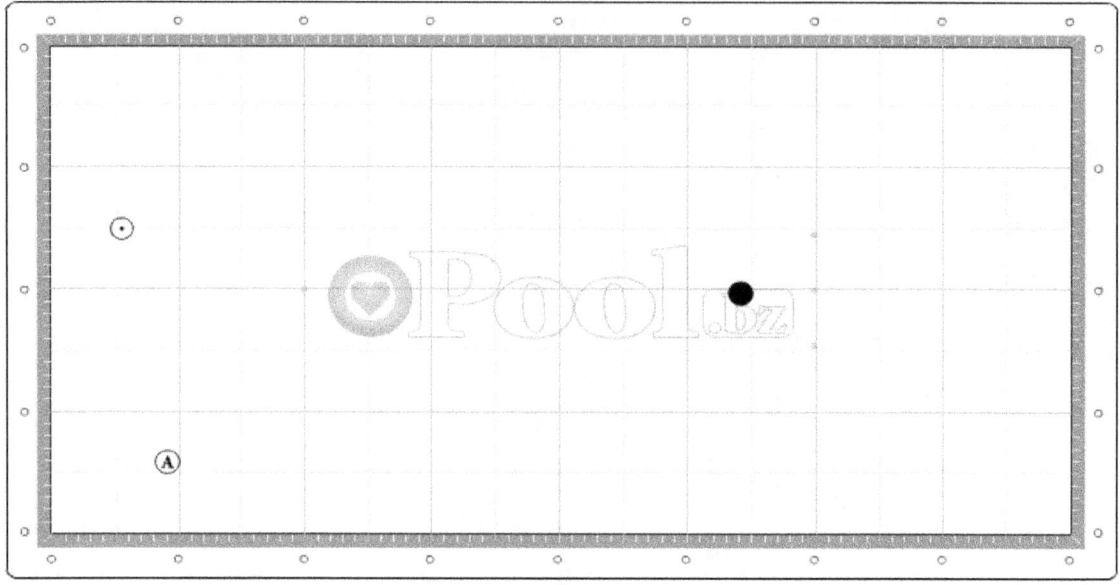

Opmerkingen en ideeën:

Schotpatroon

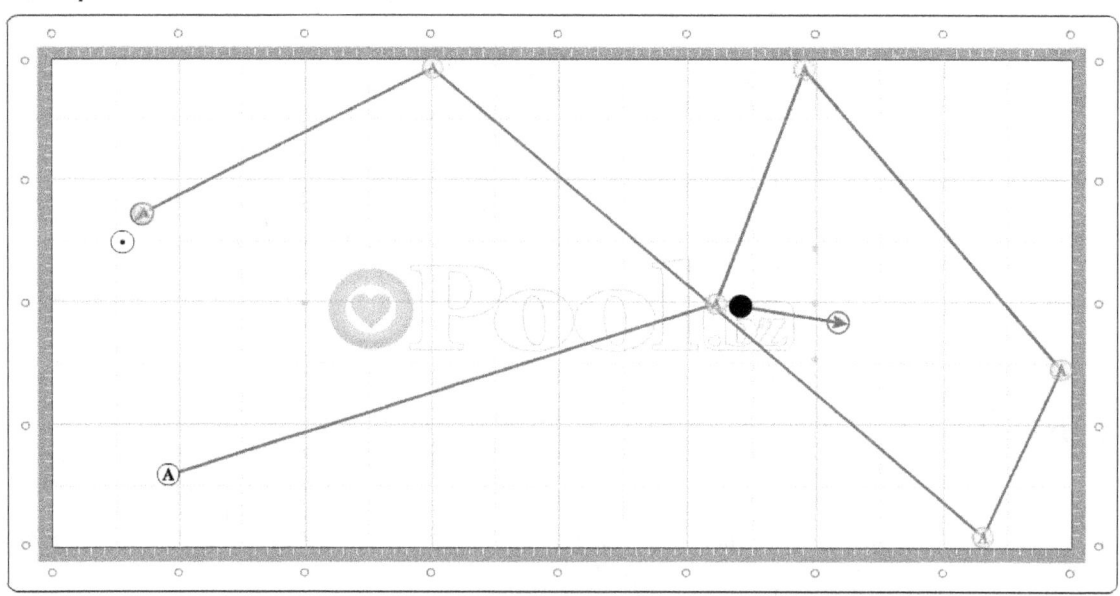

www.ingramcontent.com/pod-product-compliance
Lightning Source LLC
Chambersburg PA
CBHW081236170426
43198CB00017B/2784